Nilusi
Gabriel
Esteban
Erza

KIDS UNITED
Gloria

Texte rédigé par Rosalind Elland-Goldsmith.

Avec l'autorisation de Fabrice MARCHAL @Management.

L'éditeur tient à remercier les artistes et leurs familles pour leur temps, leur gentillesse, leurs témoignages et les photographies qu'ils ont bien voulu nous fournir pour l'élaboration de cet ouvrage.

Photographies de couverture : © Valérie Mathilde.

Photographie p. 142 : Melea, Tchad, novembre 2016.
Au Tchad, suite aux exactions de Boko Haram, la majorité de la population déplacée dans la région du Lac – plus de 8 personnes sur 10 – vit chez des proches ou des voisins, ce qui ajoute un poids supplémentaire sur une communauté parmi les plus pauvres du monde.
©Bahaji / UNICEF Chad.

Photographie p. 143 : ©UNICEF/Sébastien Kong.

Photographies p. 2-3, 6-8, 33-34, 70, 99-100, 107, 121-122, 141 : © Valérie Mathilde.
Illustrations et photos p. 27, 40, 60, 72-73 : © Shutterstock.

Conception graphique : Nicolas Carmine.

Hachette Livre, 58, rue Jean-Bleuzen, CS 70007, 92178 Vanves Cedex.

Nos vies, nos histoires

KIDS UNITED

Le roman

Raconté par
Rosalind Elland-Goldsmith

hachette
ROMANS

M6 ÉDITIONS

Esteban

P.101

ilusi

Gloria

P.123

Erza

« Je pense aux enfants dans le monde entier.
J'ai juste envie qu'ils aient du bonheur.
Et je vous aime de tout mon cœur. »

De grands yeux clairs...
Des cheveux longs, très longs...
... le plus souvent coiffée d'un chapeau melon...
Et toujours le sourire.

C'est comme ça qu'on me décrit tout le temps. « Erza a toujours un chapeau sur la tête. » C'est presque vrai. J'ai un vrai faible pour les chapeaux. Surtout les chapeaux melon.

Mais j'aime aussi les chapeaux de cow-boy et les chapeaux de paille en été, pour me protéger du soleil, avec une belle robe fluide et des sandales qui brillent. Les miens, je les achète sur les marchés, dans les magasins, et parfois on m'en prête… Un jour, j'en ai essayé un pour rigoler. Et j'ai trouvé que ça m'allait bien. Depuis, je ne peux plus m'en passer !

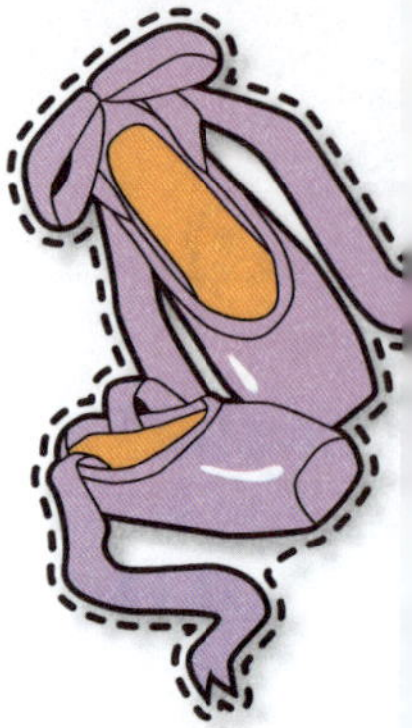

Les chapeaux ne sont pas ma seule passion. J'adore aussi la gym ! Comme la plupart des filles de mon âge, je crois. Ce qui me plaît dans cette discipline, c'est qu'on peut se perfectionner dans des domaines très différents, que ce soit au sol ou aux agrès. Par chance, j'ai toujours été souple et, dès petite, j'ai trouvé ça chouette de faire le grand écart, le pont en arrière, le soleil sur les barres… Je m'amusais beaucoup ! Et puis, c'est important de faire du sport.

Bien sûr, j'aime aussi la danse. Le *modern jazz*, surtout ! Non seulement parce que c'est beau… mais aussi parce que ce courant est basé sur l'impro. J'apprécie cette liberté : c'est l'occasion de se montrer inventif, créatif, de laisser parler son corps. Tout ce que j'ai appris dans mes cours de danse à Sarreguemines, où je suis née, je l'utilise encore aujourd'hui sur scène ou dans les clips de Kids United. Pour certains de nos titres, on a des chorés préparées à l'avance ; pour d'autres, notre manager nous dit simplement : « Lâchez-vous et laissez-vous porter par la musique. C'est ce qu'aime le public ! » Il a raison… Chaque fois qu'on se déchaîne en spectacle, dès qu'on est à fond dans nos paroles *et* dans nos mouvements, les fans nous récompensent en mettant une ambiance du tonnerre !

Cette passion pour la danse, je la partage avec ma meilleure amie, Amyra. Amyra et moi, on est comme des sœurs. Inséparables ! Surtout qu'on a les mêmes goûts. Je la connais depuis l'école maternelle, et on a toujours été dans la même classe. Quand on était petites, on passait tout notre temps ensemble dans la cour de récréation et, aujourd'hui encore, on est très proches, unies comme les doigts de la main. On se dit tout ! On se raconte nos secrets, nos rêves… ou tout simplement les trucs rigolos qui nous sont arrivés dans la journée. Amyra est super gentille et elle me fait trop rire. Surtout, comme moi, elle est passionnée. Elle, son rêve, c'est de devenir danseuse professionnelle… Il faut dire qu'elle est sacrément douée. Bien plus que moi ! Elle me montre souvent ses chorégraphies ; on en regarde sur YouTube, la chaîne du chorégraphe américain Matt Steffanina par exemple, et parfois on en invente nous-mêmes… même si, en général, on finit mortes de rire à faire les clowns !

♫

Côté caractère, on me dit souvent que je suis « parfois un peu fofolle ». Peut-être parce que je passe mon temps à rigoler, jouer, faire des blagues. Avec Amyra, c'est sûr… mais aussi un peu avec tout le monde (et beaucoup avec mes copains de Kids United). À cause de mon apparence de « fille romantique » (ça doit être les cheveux longs), les gens pensent souvent que je suis timide… mais ils se trompent ! Enfin, plus exactement : ils se trompent *aujourd'hui*.

Il y a quelques années encore, avant Kids United, j'étais beaucoup plus renfermée sur moi-même. J'avais peur d'aller vers l'inconnu, j'avais les mains moites et la voix tremblante dès qu'il fallait parler en groupe… Faire partie des Kids a changé ma vie ; maintenant, j'adore rencontrer de nouvelles personnes et me lancer dans de grands projets. J'ai développé ce qu'on appelle « le goût de l'aventure ». Parce que les risques et les nouveaux défis, ça ne me fait plus peur. Ils m'apportent une sensation incroyable, entre le trac et l'euphorie. Et maintenant que j'y ai goûté, je ne pourrais plus vivre sans !

On pourrait croire que je n'ai plus peur de rien... Mais je suis comme tout le monde, j'ai des défauts, et des gros ! En particulier celui d'être perfectionniste. À petite dose, c'est une qualité. Sauf que je suis obsédée par le travail bien fait. Par exemple, en musique, je ne *supporte* pas de faire une fausse note et, quand ça arrive, il faut que je me rattrape tout de suite. Sinon, je me sens mal et ça me trotte dans la tête jusqu'au soir.

C'est pareil en ce qui concerne ma chambre : je déteste qu'elle soit en désordre ! Il faut dire qu'il y a des doudous partout et deux *My Little Pony*, alors le fouillis est vite arrivé... Si vous la voyiez ! Sur les murs, j'ai accroché toutes les photos de ma famille et de mes amies ; la plupart sont encadrées et posées sur des étagères ou sur mon bureau. D'ailleurs, il y en a tellement que les plus récentes sont punaisées directement sur les murs de ma chambre. Ça fait moins désordre, et c'est le genre de déco que j'apprécie. Certaines personnes affichent des posters de stars ou de sportifs ; moi, ce sont des images de gens que j'aime.

Il faut dire que je suis une fille sensible… *très* sensible même. Il y a des chansons, dès les premières notes, j'ai les larmes aux yeux. Avec « Les yeux de la Mama » de Kendji Girac, par exemple, ça ne loupe jamais. Quand j'ouvre la bouche pour la partager, je pense à ma mère – j'imagine son visage, son sourire, ses mots tendres… Aussitôt, l'émotion m'envahit, et je me mets à pleurer. C'est la même chose quand j'entends les tubes de Céline Dion, surtout « Parler à mon père » ou « Encore un soir »… Ces chansons-là m'émeuvent aux larmes. Elles parlent de sentiments très intimes et très beaux, même s'ils sont tristes. Ah oui, je pleure, mais je vous rassure, c'est tellement beau qu'au final, ça fait beaucoup de bien !

Les émotions, ça fait partie de la vie, non ? Et quand on est artiste, s'autoriser à *ressentir*, c'est important ; parce que l'art et les sentiments sont toujours liés. D'après moi, c'est même tout l'intérêt et tout le but de la musique : permettre d'exprimer ce que l'on ressent, en parlant directement au cœur des gens. C'est magnifique, et ça libère. Cette liberté que je ressens chaque fois que je monte sur scène, chaque fois que je chante devant des gens, j'essaie de la communiquer. J'espère qu'eux, ils la reçoivent à leur tour tout au fond de leur cœur. Qu'en sortant d'un concert de Kids United, ils aient, grâce à Gloria, Nilusi, Gabriel, Esteban et moi, le sourire aux lèvres ; que chaque fois qu'ils écoutent l'une de nos chansons, ils soient un peu plus heureux…

Erza

Mes parents sont nés au Kosovo, un pays situé à l'est de l'Europe, dans les Balkans. Ils y ont vécu jusque dans les années 1990, quand la guerre a éclaté en ex-Yougoslavie. La situation était devenue trop dangereuse. Mon père est parti, puis ma mère l'a rejoint quatre ans plus tard, en 1995, et ils se sont installés dans le nord-est de la France, à Sarreguemines, à quatre-vingts kilomètres de Metz.

Maintenant que la guerre est finie, le Kosovo est un pays superbe, avec de beaux paysages et des gens accueillants. J'y retourne tous les ans voir ma famille. La maison de mes grands-parents est à la campagne, entourée de champs, de prairies et de forêts. C'est paisible, on s'y sent vraiment bien. On se croirait chez Heidi ! Le toit est un peu cabossé, mais c'est ce qui donne son charme à cette vieille maison. Mes cousins et moi, on adore y jouer à cache-cache.

On aime aussi recueillir des petits chiens abandonnés… Il y en a beaucoup, là-bas. Beaucoup trop… Alors on se dit qu'il faut faire quelque chose. Tous les ans, quand on retourne là-bas, on prend les petits chiens chez nous avec mes cousins, on s'en occupe, on les nourrit, on leur fait des câlins. Et quand ils vont mieux, on les confie à la SPA kosovare en espérant qu'ils seront adoptés par des familles aimantes. Et qu'ils vivront une longue et belle vie.

Ce pays fait vraiment partie de mon identité, et quand j'y retourne, même si je n'y vis que quelques semaines par an, je me sens chez moi. Alors, naturellement, à la maison, on a toujours parlé kosovar et écouté de la musique du Kosovo. Du coup, toute petite, je connaissais déjà tout plein de mélodies de ce pays ! Mes sœurs et mon frère achetaient aussi des CD en français et en anglais. Ils étaient fans de Céline Dion et de Michael Jackson… et ils m'ont transmis leur passion. Moi aussi, j'ai commencé à admirer ces artistes et à écouter leur musique en boucle. Surtout Céline Dion. Je trouve ça tellement généreux et tellement courageux de leur part de se donner autant à fond pour transmettre du bonheur ! Ce sont eux qui m'ont donné envie de me lancer à mon tour. Plus que jamais, je voulais tout donner pour un public, un peu comme le font mes idoles.

En vrai, j'ai toujours été attirée par la scène, et je rêvais de partager mes émotions avec le plus de personnes possible. D'ailleurs, je ne me rappelle pas d'une époque où je n'ai pas chanté. Je chante *tout le temps*. Mais vraiment *sans arrêt* ! Surtout en voiture… J'adore fredonner en regardant défiler le paysage.

Un jour, quand j'avais trois ans, alors qu'il était au volant, mon père m'a entendue chanter à l'arrière de la voiture. Pour moi, ça n'avait rien d'exceptionnel, je ne faisais que m'occuper pendant le trajet… mais lui a été frappé par ma voix. Il a baissé le son de la radio, très progressivement, sans que je m'en rende compte. Au bout de quelques secondes, on n'entendait plus que moi. Papa m'a dit : « Vas-y, Erza, continue… » Visiblement, je chantais parfaitement juste, sans la moindre fausse note. Il

était bluffé. Choqué, même ! Je crois qu'il en avait la chair de poule. Il a arrêté la voiture pour se concentrer sur ma voix. Il en a parlé à ma mère dès qu'on est rentrés chez nous. Il lui a juste dit : « C'est incroyable ! »

Après ça, lorsque mes parents se sont aperçus de mon goût pour la musique, ils m'ont inscrite à des cours de piano. J'aimais beaucoup ces leçons. Elles me permettaient de comprendre comment fonctionne une mélodie, mais pas seulement : j'ai aussi appris à m'accompagner moi-même quand je chantais ! Je n'avais plus besoin de rien (enfin… à part d'un clavier !) ni de personne pour exercer ma passion. Je passais tout mon temps à reprendre les morceaux que j'aimais, et je restais des heures dans la salle de classe de mon école de musique, bien après la fin de mes leçons.

C'est comme ça qu'un jour, mon prof, Pascal, m'a entendue. J'étais au piano et je chantais les yeux fermés. Je me croyais toute seule, j'étais dans ma bulle. Il m'a écoutée jusqu'au bout de la chanson, puis il a toussoté pour se manifester. J'ai rouvert les yeux en sursautant. Au départ, j'étais un peu gênée… Je m'étais bien lâchée, sans savoir que quelqu'un m'observait ! Mais il a eu une réaction merveilleuse, qui m'a beaucoup touchée. Il a dit : « Cela fait vingt-cinq ans que je fais ce métier, et c'est la première fois que j'entends une voix pareille. » Rien qu'en y repensant, j'ai des frissons !

C'est comme ça que Pascal m'a proposé de participer au spectacle de fin d'année,

Je suis arrivée en finale, et j'ai terminé troisième du classement. C'était déjà une expérience que j'avais adorée, et je ne pensais pas forcément me relancer tout de suite dans un nouveau projet artistique. On m'a appelée pour me proposer de participer à un casting à Paris. À l'époque, je ne me rendais pas bien compte de ce qu'ils avaient en tête, mais j'étais heureuse d'avoir été repérée et de participer à cette audition en studio. On m'a demandé de chanter « On écrit sur les murs ». J'avais tout donné, et donc j'étais plutôt contente de moi, mais sachant qu'il y avait plusieurs autres candidats qui étaient tous extrêmement doués, je ne pensais pas qu'on allait me recontacter… Et pourtant, on a téléphoné à mes parents deux mois plus tard pour leur annoncer que j'étais sélectionnée et que j'allais faire partie d'un groupe d'enfants chanteurs qui seraient également messagers de l'UNICEF. Quand mon père et ma mère m'ont transmis la bonne nouvelle, j'étais doublement folle de joie ! Je sautais de partout en criant. Non seulement j'allais pouvoir continuer à partager ma passion, mais en plus, j'allais servir une cause magnifique en aidant les enfants dans le monde entier !

Tous les membres de ma famille étaient heureux et fiers.

Chacun sait à quel point chanter est important pour moi, et combien ça m'a toujours tenu à cœur d'aider les gens. On me donnait l'occasion de faire les deux en même temps ! Mes parents comme mes frères et sœurs se réjouissaient que je puisse enfin concrétiser mon rêve. Voilà pourquoi ma famille compte tant pour moi : c'est en elle que je puise ma force, ma détermination, ma confiance. Elle m'offre du soutien et du réconfort, elle m'encourage et m'accompagne dans mes projets. Elle ne m'apporte que du bonheur, qu'il s'agisse des membres les plus proches comme mes parents, mes sœurs et mon frère, ou de ceux qui vivent au Kosovo.

Mais revenons à Kids United : la première fois que j'ai rencontré les autres membres du groupe, c'était dans un café à Paris. Je suis arrivée la première, puis sont entrés Gloria et Esteban. Nilusi et Gabriel ont débarqué en même temps. Au début, j'étais un peu intimidée. Je ne connaissais que Gloria, et seulement de vue, parce qu'elle avait participé à l'émission *The Voice Kids*, et que j'avais été éblouie par sa performance sur « La vie en rose ». Les autres, je ne les avais jamais rencontrés ni même aperçus… On était tous là, autour d'une table, les yeux rivés sur notre verre. Je pensais être la seule à ne pas oser parler, mais je me suis rendu compte que les autres paraissaient tout aussi gênés. Enfin, sauf Gloria ! Gloria avait l'air à l'aise, c'était incroyable. Et puis là-dessus, Gabriel s'est mis à faire des blagues pour détendre l'atmosphère… Autant dire qu'on a vite su que ça allait être génial !

Malgré ça, il m'a fallu quelques minutes pour prendre de l'assurance, puis j'ai parlé à Nilusi. Et cette conversation a eu un effet magique : on s'est tout de suite bien entendues ! Mon enthousiasme et ma motivation grandissaient de minute en minute. Je pressentais que je m'apprêtais à vivre un rêve.

Au fil des jours et des semaines, on a tous appris à mieux se connaître, et on est devenus très proches. Je crois que les autres membres du groupe me considèrent un peu comme leur petite sœur – enfin, sauf Gloria bien sûr, qui est plus jeune que moi… Du coup, je veille sur elle comme si c'était notre petite sœur ! Et forcément, on joue beaucoup toutes les deux. Les trois « grands » sont toujours gentils et prévenants, et ils m'apportent chacun quelque chose de spécial. Celle avec qui j'adore discuter, c'est Nilusi, et je l'aide souvent à filmer ses vidéos YouTube. Gabriel est mon compagnon de jeux de cartes (ou plus exactement : mon adversaire !). Et pour les blagues, je n'ai qu'à me tourner vers Esteban. Oui, on ne dirait pas comme ça, mais, sous ses airs tout timides, c'est un vrai clown !

Surtout, le groupe m'apporte beaucoup de tendresse et de soutien, comme lors d'un concert qui tombait le jour de mon anniversaire. Nilusi, Esteban, Gabriel et Gloria ont chacun dit un petit mot sur scène, j'avais envie de pleurer… Mais le meilleur restait à venir car, tout d'un coup, les copains se sont mis à chanter « Joyeux anniversaire », et le public les a accompagnés ! Franchement, je m'en souviendrai toute ma vie ! Enfin, comme une cerise sur le gâteau (d'anniversaire), dans les coulisses, Patrick Bruel m'a fait le plus beau des cadeaux : il m'a dit que j'avais une voix magnifique…

Intégrer le groupe Kids United m'a donc apporté quatre nouveaux copains… Mais en fait, ça m'a apporté beaucoup plus que ça. Car il y a aussi tous nos fans ! Ceux qui nous suivent et nous soutiennent depuis le début. Ils sont tellement adorables que je les considère aussi comme des amis. Je suis si touchée de les voir patienter à la sortie des salles de concert, des studios d'enregistrement ou des plateaux de télévision. Je voudrais pouvoir les prendre tous dans mes bras et les remercier ! D'ailleurs, j'essaie toujours de répondre à leurs questions et de faire des selfies. C'est la moindre des choses. Sans eux, on n'existerait pas ! Ça me semble important de leur rendre tout cet amour qu'ils nous transmettent. Parfois, je suis même abasourdie de leur générosité. J'ai reçu des cadeaux, comme des doudous, des cartes… Je les accepte avec joie, bien sûr, car ils symbolisent le lien qui nous unit !

Voilà d'ailleurs pourquoi j'apprécie tant les tournées. On voit toutes ces personnes qui nous aiment et qui nous soutiennent, tous ceux qui postent des messages et des likes sur les réseaux sociaux… J'apprécie d'avoir de *vraies* interactions avec eux, et pas uniquement à travers un fichier MP3, un écran d'ordinateur ou une télévision. Rien ne remplace un sourire ou quelques mots échangés !

Peu importe leur taille, toutes les salles de concert me plaisent. Il suffit d'une scène et d'un espace pour le public, et je suis la plus heureuse ! Enfin, tout de même, les Zénith, il faut bien l'avouer, ça fait un sacré effet. Toutes ces places et cette énorme fosse : c'est impressionnant ! N'empêche que ça met une certaine pression… pas une pression qui tétanise et empêche de donner le meilleur de soi – non, le genre de pression qui donne la chair de poule, et qui motive à faire une super performance ! Parce que dans des salles aussi gigantesques, on a toujours au moins une certitude : les spectateurs seront nombreux et l'ambiance sera au rendez-vous. Comme en Belgique, au Forest National, le public était très *très* chaud. Les spectateurs hurlaient, agitaient des panneaux et chantaient toutes nos chansons. C'était incroyable…

Et tellement stimulant ! Moi, ça m'a donné des ailes !

Et puis, je me dis qu'en soutenant Kids United, ce sont des milliers d'enfants que nos fans soutiennent chaque année. C'est vrai, j'adore chanter pour tous ces gens qui nous portent, leur donner tout mon amour. Mais je me dis que si, en plus, ça nous permet de leur dire pourquoi nous nous battons tous les jours, de leur faire comprendre qu'il y a des enfants qui ont besoin d'aide, et de leur communiquer cette envie de se battre pour eux, alors on a tout gagné. Du coup, pour moi, chaque fois qu'un fan écoute nos disques, vient à nos concerts et aime nos chansons, c'est comme si une petite lueur d'espoir s'allumait pour un enfant, quelque part dans le monde, et ça me remplit de joie.

L'autre avantage des tournées, c'est que je peux inviter les membres de ma famille qui vivent partout en France et en Europe. Comme au concert d'Amnéville, où mes grands-parents sont venus du Kosovo me voir avec les Kids pour la première fois. J'étais tellement heureuse de les savoir dans le public ! J'ai tout donné pour eux… Je les regardais tout le temps, et je leur adressais des sourires et des clins d'œil.

À la fin, j'ai dit quelques mots en kosovar sur scène, et ça m'a fait un peu pleurer. J'ai remercié ma mamie et mon papi d'avoir fait tout ce chemin pour assister au spectacle, et je leur ai dit que je les aimais de tout mon cœur. Ils ont pleuré aussi ! C'était tellement émouvant…

♫

En règle générale, quand je suis au collège ou avec mes amies, j'évite de parler du groupe. J'ai besoin de séparer les deux mondes, je crois. De rester une élève et une copine, même si tout ce qu'on vit en ce moment est absolument magique.

Il y a quand même eu *un* événement dont on a beaucoup discuté, à l'école, les filles et moi : le passage des Kids à *Fort Boyard* ! Parce que tout de même : c'était *FORT BOYARD*. L'émission culte, que tout le monde a regardée au moins une fois dans sa vie… Et qui permet justement à une équipe de parler d'une cause pour laquelle elle se bat, comme nous cinq pour l'UNICEF !

J'étais surexcitée. J'allais me rendre au fort, rencontrer Passe-Partout et Passe-Muraille, voir le Père Fouras…

En même temps, je dois bien l'avouer, j'étais un peu stressée. Pour une raison évidente mais incontournable : les épreuves. En particulier celles où il fallait toucher des serpents ou des araignées ! Brr ! Bien à l'abri derrière mon écran, quand je voyais toutes ces bestioles, j'étais systématiquement dégoûtée… Alors imaginer que je devrais mettre la main dans des jarres sans savoir ce qu'il y avait à l'intérieur, ou circuler au beau milieu de tunnels infestés d'insectes… Il y avait de quoi en faire des cauchemars !

L'arrivée à Fort Boyard était un moment incroyable. On avait embarqué sur un Zodiac qui filait sur les vagues, en compagnie de Fabienne Carat, l'actrice de *Plus belle la vie* qui joue le rôle de Samia, et du comédien Gérard Vivès.

Avec la vitesse du bateau, le bruit du moteur et celui du vent, c'était impossible de discuter… Du coup, j'avais les yeux rivés sur cet énorme bâtiment dressé au milieu de la mer.

Je me suis rappelé qu'au départ, le fort était une prison… Pas très rassurant !

Je portais la tenue de sport fournie par la production : un legging noir et un haut bleu, en matière technique pour protéger du froid et du chaud. Surtout, je m'étais attaché les cheveux très serrés (ce qui est rare !) pour éviter qu'ils s'accrochent quelque part… ou pire : que des mygales et des

scorpions tentent d'y grimper ! Beurk... Quand le Zodiac a amarré au pied du fort, j'ai senti une grande bouffée d'excitation m'envahir : je me sentais prête à vivre une aventure ! Je sautillais de partout, je faisais des signes de victoire aux caméras. Et je voyais que les autres Kids étaient dans le même état d'esprit... On avait même inventé un cri de guerre pour l'occasion : « On est les forts... du Fort Boyard ! »

La situation a commencé à se corser avec le début des épreuves... Et pourtant, je n'ai pas eu à passer la première ! Ce sont Gabriel et Esteban qui ont été choisis d'abord, pour la salle de « la laverie automatique ». L'épreuve est très drôle à regarder, parce que les candidats doivent courir dans un énorme tambour de machine rempli de mousse très glissante... Mais, apparemment, c'est moins amusant à vivre ! Parce que même nos deux garçons, pourtant du genre sportif, ont ga-lé-ré ! C'est à partir de ce moment que je suis passée de l'excitation à l'inquiétude... Forcément, mon tour allait arriver. Mais quand ? Et pour quelle épreuve ? En courant vers le « vaisseau spatial », mon cœur a commencé à battre plus fort... J'avais comme un pressentiment.

Dès que j'ai entendu Olivier Minne, le présentateur de l'émission, prononcer la phrase : « La pilote sera Erza », j'ai senti un frisson me parcourir tout le corps. J'ai éclaté de rire (rire nerveux, je précise) et je me suis avancée vers la grande porte.

Heureusement, il fallait être deux pour cette épreuve, et c'est Fabienne Carat qui m'a accompagnée. Ça ne m'a pas empêchée de glisser à Fabienne « j'ai peur... » avant d'entrer. Elle m'a prise par les épaules et m'a soufflé : « Tout va bien se passer. » C'est alors que le sas s'est ouvert.

Je m'y suis glissée la première… À l'intérieur, il y avait une lumière très bleue qui donnait l'impression d'être dans une vraie navette spatiale flottant dans l'espace. Fabienne était derrière moi. Elle m'a dit quoi faire, avec des mots très gentils comme « ma chérie » ou « ma puce », et j'ai été m'installer devant le tableau de contrôle. Le but : orienter une boule dans un labyrinthe grâce à ces commandes, jusqu'à ce qu'elle atteigne la clé. Avec une petite difficulté supplémentaire : les secousses permanentes du vaisseau ! Eh oui : les voyages interstellaires, à Fort Boyard, c'est rarement sans turbulences…

J'avais vraiment envie de me donner à fond pour cette aventure, et pour l'UNICEF, pour qui on espérait pouvoir rapporter tout plein d'argent. Et ça, c'est l'essentiel !

Enfin… jusqu'à la salle des jarres. Les jarres, ce sont ces pots énormes dans lesquels on doit plonger le bras pour trouver la clé. Elles sont pleines de cafards, de souris, d'araignées, de limaces… et d'autres bestioles encore qu'on ne voit même pas parce que les pots sont en terre – ce qui est encore pire !

Quand on est arrivés devant la salle, Olivier Minne a demandé : « Qui a des animaux chez lui ? » Gloria a levé le doigt. C'est vrai qu'elle en a plein ! Avec le chant, les animaux sont sa passion. Moi aussi, je les aime beaucoup, surtout les chiens et les lapins, mais je n'étais pas sûre que les animaux du Fort soient tellement à mon goût…

J'avais les yeux braqués sur le parchemin sur lequel était inscrit le prénom de celui ou celle qui devrait relever le défi.

Olivier a déroulé le papier. Alors, il a prononcé

ces mots : « Celle qui va y aller, c'est Gloria ! » Quel soulagement ! J'ai poussé un long soupir ! Ensuite, j'ai fait tout ce que j'ai pu pour encourager ma petite sœur de cœur. Petite mais sacrément courageuse, notre Gloria !

Au final, notre participation à *Fort Boyard* nous a permis de remporter 15 240 euros, au profit de l'UNICEF. J'ai eu la chair de poule quand les grilles de la salle du trésor se sont ouvertes. Gérard Vivès a pris les choses en main, en nous disant à chacun sur quelle lettre nous positionner pour reconstituer le mot « CHAT », qui était la réponse à notre énigme. Moi, j'avais la lettre « A ». On a couru se mettre en place… puis nous avons entendu ces paroles mythiques : « Félindra, tête de tigre ! » Il y a eu un silence… Et d'un coup, une pluie de pièces s'est déversée dans la cage centrale ! Sans perdre une seule seconde, je me suis élancée. C'était assez stressant, parce qu'on savait qu'il n'y avait que trois minutes avant que les grilles de la salle du trésor ne se referment.

Quand la fin du temps a sonné, Fabienne a été héroïque : elle a couru comme une sprinteuse, sans me faire tomber alors que je pesais super lourd avec mes pièces, et elle a transvasé l'argent dans le chaudron. J'étais tellement heureuse de voir ce beau trésor qu'on avait récolté pour l'UNICEF ! Mais c'est quand la somme finale s'est affichée que j'ai laissé éclater ma joie. J'ai crié et applaudi… Pas de doute, ce jour-là, on était les *plus* forts du Fort Boyard !

Mais il n'y a pas que les émissions de télévision qui nous permettent de faire passer le message de l'UNICEF. Avec Kids United, on se rend aussi dans des régions très pauvres de la planète pour rencontrer des enfants qui n'ont pas, comme nous, la chance d'aller à l'école, de manger à leur faim et de vivre dans l'insouciance. Je m'en rends compte tous les jours, de la chance que j'ai de vivre ici, de recevoir une éducation, de pouvoir chanter et m'amuser comme je veux. Mais ce sont nos voyages et nos rencontres qui me l'ont vraiment fait comprendre.

Lors de notre voyage au Maroc, nous avons visité un orphelinat. Ça m'a vraiment marquée… Voir tous ces enfants sans parents, ça m'a fait tellement mal au cœur… J'ai eu envie de pleurer dès notre arrivée. Tous ces petits, âgés parfois de deux ou trois ans seulement, qui vivent une telle injustice… C'est horrible. Et ce qui a failli me faire fondre en larmes, c'est de voir que, alors que moi, j'essayais de toutes mes forces de me retenir de pleurer, ces enfants à qui nous venions apporter du bonheur étaient tout sourires !

Ils nous ont applaudis, ils nous montraient qu'ils étaient heureux de nous voir. Ce jour-là, avec l'équipe de Kids United, j'ai vraiment compris à quel point être artiste, ce n'est pas seulement chanter et faire de la musique… Ça rend utile et responsable. On apporte du bonheur à des personnes qui sont dans la souffrance, on leur donne de l'espoir ! Alors, j'ai ravalé mes sanglots, et j'ai commencé à échanger avec les enfants de l'orphelinat. On a joué ensemble, on a chanté… C'était merveilleux. Cette rencontre m'a prouvé encore une fois que, d'où qu'on vienne et quelle que soit notre situation, on désire chacun la même chose : s'amuser et s'épanouir. Nous sommes tous des enfants du monde !

Et voilà justement le message que je voudrais transmettre : dire aux enfants de toute la planète que je pense à eux et que je veux leur apporter du bonheur, parce qu'ils le méritent. Et aussi dire à ma famille, à mes amis et à nos fans que je les remercie pour leur soutien. Que je les aime de tout mon cœur !

Erza

LNB
LIGUE NATIONALE

Gabriel

« Il faut toujours croire en ses rêves, ne jamais se décourager ni se laisser marcher dessus. »

Moi, c'est Gabriel.
Gabriel… de Kids United, bien sûr !

Tu connais ma devise ? « Ne jamais abandonner ses rêves… et ne pas se laisser marcher dessus. » Eh bien, cette devise, j'essaie de la vivre tous les jours. Tous les matins, tous les midis, tous les soirs… Dès que je me lève, ma première pensée, c'est que je suis heureux de faire ce que je fais, de vivre une aventure aussi formidable que celle de Kids United. Tourner un clip, répéter pour un concert, voir mes copains, partir avec l'UNICEF pour un nouveau pays, réviser mes cours, rester tranquille à la maison… (Bon, ça, j'avoue, ça ne m'arrive pas très souvent !) Quel que soit le programme de la journée, je me dis que la vie est belle et que je vais certainement apprendre plein de choses, m'éclater, délirer, rencontrer des personnes passionnantes… Comme le jour où j'ai fait la connaissance de Corneille, par exemple. Ça, c'était une sacrée expérience.

Corneille, je l'avais vu plein de fois à la télévision, et c'était déjà une idole. Son style, son groove, ses paroles, son passé : tout chez lui me touchait. Surtout sa première chanson, celle qui l'a révélé : « Parce qu'on vient de loin ». Il y raconte son enfance au Rwanda et la guerre qui a décimé sa famille. Une histoire terrible et une sacrée émotion… C'est avec ce genre de tube que j'ai compris à quel point l'art pouvait être utile, et même *essentiel*, pour raconter la vie, même ses côtés tristes, et pour témoigner. Ça fait partie de ce qui m'a motivé à me lancer, puis à persévérer dans la musique.

J'ai été très impressionné de rencontrer Corneille. Même s'il a été deux fois disque de platine super jeune, Corneille est un homme discret, je dirais même réservé. Il ne parle pas très fort, sa voix est douce. Sa personnalité, sa force, son charisme s'expriment dans ses expressions, à travers son visage. Un simple sourire véhicule bien des choses, comme une communication sans paroles qui permet de recevoir ses encouragements et sa confiance.

Sur scène, en revanche, il se métamorphose : il chante avec beaucoup de coffre et un timbre magnifique, très expressif. La performance qui m'a le plus frappé, c'était dans le studio de France Bleu. Lui chantait avec son groupe, le trio qu'il forme avec Garou et Roch Voisine – Forever Gentlemen –, et moi avec mes copains de Kids United (bien sûr). On peut dire qu'il y avait du monde sur scène ! Corneille m'a bluffé par sa capacité à montrer à la fois une réelle force à travers son interprétation, et une douceur protectrice envers nous, en nous adressant des clins d'œil et des regards. Il dégageait quelque chose de tranquille, d'apaisé, qui nous a mis à l'aise pour toute la prestation.

Rencontrer des personnes que j'admire, ça fait partie des choses que j'apprécie le plus dans ma vie actuelle avec les Kids. Et ma chance, c'est qu'en ce moment, je croise justement plein de grands artistes. Dès qu'on fait une émission, une scène, une tournée, on croise des gens comme Black M, Soprano, ou encore Bruno Mars. La classe, non ?

L'un des souvenirs qui m'a le plus marqué, c'est ma rencontre avec Charlie Puth. Ça s'est passé à la radio NRJ, chez Cauet. Mon manager, Fabrice, et Katia, notre attachée de presse, s'étaient arrangés pour que je le croise, parce qu'ils savaient à quel point j'étais fan de sa musique. Au départ, le projet était que je chante devant lui… Mais une fois sur place, Fabrice me glisse : « Le mieux, ce serait qu'il vienne te rejoindre au micro et que

vous chantiez *ensemble.* » Là, je reste figé quelques secondes. D'un côté, je suis surexcité et ravi… de l'autre, j'ai LA – GROSSE – PRESSION.

Pour déstresser un peu, j'engage la conversation avec Charlie. J'ai la chance de parler couramment anglais. Du coup, on a papoté un peu, et ça a détendu l'atmosphère.

N'empêche qu'à ce stade, je n'avais toujours pas réussi à lui demander s'il accepterait de chanter avec moi. Dans le studio, je voyais Cauet faire des signes à la régie : c'était bientôt l'interlude musical… Il allait annoncer mon nom aux auditeurs. Je ne pouvais plus reculer.

Je me suis tourné vers Charlie et je lui ai chuchoté : « *Come on, let's do it together*[1]*!* » Pas de réaction. J'ai un peu insisté… et il m'a fait « oui » de la tête. Mission accomplie ! Enfin… à moitié accomplie, parce qu'il restait encore à réussir le duo. En commençant le *live,* je me suis concentré, comme toujours. J'ai fermé les yeux, je me suis mis dans l'esprit de la chanson. Ce que je n'avais pas prévu, c'est que Cauet tenterait de me déconcentrer en faisant des grimaces. Eh oui, c'est ça aussi, le principe de l'émission « C'Cauet » : faire des blagues aux chanteurs qui viennent se produire. En tant qu'auditeur, j'adore… mais en tant qu'artiste… en fait, j'adore aussi !

1. « Allez, on y va ensemble ! »

Bien sûr, ça a fait doubler et même tripler la pression mais, dans le fond, ça a rendu la prestation encore plus chouette, parce que ça m'a obligé à y mettre *toute* mon énergie. Surtout, ça a détourné mon attention de Charlie, qui est très impressionnant, et j'ai même oublié à quel point j'étais stressé à l'idée de chanter avec lui. Résultat : le duo s'est super bien passé. On s'est bien amusés sur son titre « Marvin Gaye », et j'ai passé un moment inoubliable.

Tu penses qu'à force de croiser des artistes célèbres, je suis blasé ? Eh bien, non, pas du tout ! Je suis, et je demeurerai un gamin face aux maîtres de la danse ou de la chanson. Ce sont des gens qui me fascinent et que je respecte. Je serai toujours émerveillé face à eux et partant pour les accompagner sur scène. Même si des esprits maléfiques essaient de me déconcentrer !

♫

Évidemment, ma vie ne se résume quand même pas à rencontrer des stars. Ce que je fais le plus souvent, et qui m'apporte le plus de bonheur, c'est pratiquer mes deux grandes passions : le chant et la danse. Sans ces deux moyens d'expression, la vie serait… je ne peux même pas l'imaginer ! Ils font trop partie de mon existence, de mon univers, de mes pensées. Pour moi, en fait, la musique et la danse, C'EST – LA – VIE !

La preuve, c'est que je suis tombé dedans quand j'étais tout petit. Du côté de mon père, tout le monde est mélomane… sauf lui. Lui, son truc, c'est le monde des affaires. À croire que le goût de la musique a « sauté une génération ». Déjà petit, il me faisait lire des livres sur la communication, l'immobilier, les investissements financiers… Et il me montrait des épisodes du dessin animé *Secret Millionnaire Club* de Warren Buffet pour que je comprenne comment fonctionne l'argent. *Secret Millionnaire Club*, c'est l'histoire d'un millionnaire (Warren Buffet, un vrai homme d'affaires américain) qui apprend à quatre jeunes à gérer leurs sous. Par exemple, il leur montre comment récolter de l'argent pour un projet qui leur tient à cœur, ou comment aider un commerçant à comprendre pourquoi son affaire ne marche pas. La morale de cette série, c'est que le meilleur investissement qu'on puisse faire… c'est en soi-même : développer sa confiance personnelle, entreprendre des projets en y croyant.

Tu t'en doutes, cette morale me parlait bien… même si le monde du business n'est pas celui qui m'intéresse le plus. Heureusement, mon père a vite compris que mon truc, à moi, c'est l'expression artistique. Alors il changé d'optique, et c'est lui qui m'a suivi dans ma voie en accompagnant ma passion.

Le chant et la danse me font vibrer depuis toujours en fait ! À croire que je suis *né* avec cette passion dans le sang. Imagine un gamin d'à peine trois, quatre ans, qui sait tout juste parler… mais qui se trémousse toute la journée, qui fait des vocalises et imite des chanteurs. Eh ben, ce gosse, c'était moi !

D'ailleurs, ça amusait bien ma famille : je leur faisais des petits spectacles, genre super-production-show-de-ouf-avec-moonwalk-et-beats-de-malade… dans le salon. Et déjà, je m'y croyais !

À la base, ce sont mes grands-parents qui avaient l'oreille musicale… plus précisément mon grand-père. Lui, ce qu'il aimait par-dessus tout, c'était le zouk – pas très étonnant pour un Guadeloupéen ! Grâce à sa situation géographique, la Guadeloupe bénéficie de l'influence de toutes les musiques caribéennes : la salsa de Cuba, le meringue de Saint-Domingue, le kompa de Haïti… Difficile de ne pas devenir mordu de musique quand on vit aux Antilles !

Mais, dans ma famille, ça remonte à plus loin encore : mon arrière-grand-père était le fondateur de la Fédération musicale de la Guadeloupe dont le but était de favoriser la pratique de la musique et l'ouverture à de nouveaux styles comme la musique classique, le gospel, la soul music, le funk, le quadrille créole ou le gwoka qui sont des musiques traditionnelles… Il a inscrit ses enfants à l'école de jazz, dont mon grand-père qui m'a à son tour fait écouter mes premiers groupes de musique créole. J'ai tout de suite aimé ces rythmes entraînants et festifs… Tu comprends mieux pourquoi je passais mon temps à danser dès le plus jeune âge. Depuis, j'ai élargi mes goûts musicaux, mais le zouk reste cher à mon cœur. J'ai beau me considérer avant tout comme un enfant du monde entier, mes racines caribéennes et sénégalaises sont à la base de ma culture musicale.

D'ailleurs, quand on a été en Guadeloupe pour un concert avec les Kids, je me suis senti très inspiré. J'ai fait des petites expériences pour mélanger les styles, avec des influences plutôt reggae, reggaeton (qui comporte des influences portoricaines), et surtout j'étais super fier de pouvoir chanter devant le public antillais, dont je partage l'histoire. Et puis il y avait aussi un autre agrément *très* appréciable en Guadeloupe : la plage. Mais pas n'importe quelle plage. Une plage rien que pour nous, avec toutes les activités nautiques imaginables : scooter des mers, bouées, bateau… Un accueil royal, dans un cadre paradisiaque !

♫

À force de me voir danser et chanter sans arrêt, mes parents ont compris que j'étais passionné, alors ils m'ont inscrit dans une école spécialisée. Mais pas en France, mieux : en Angleterre. À Londres, s'il vous plaît ! Là-bas, il y a TOUT ce qu'il faut pour les enfants-artistes. Des écoles, des centres, des stages, des cours du soir, des clubs… Le rêve ! Pour moi, la capitale britannique, c'est la ville où tout est permis, où tout est possible. Les Anglais ont vraiment le goût de la nouveauté. Ils n'ont pas peur d'innover, d'être originaux, différents, et même en avance sur le reste du monde. Après tout, c'est bien chez eux que sont nés des groupes et des chanteurs mythiques comme John Lennon et Paul McCartney des Beatles, Mick Jagger et Keith Richards des Rolling Stones, Adele, Amy Winehouse… et tant d'autres ! Ces artistes de légende ont influencé des générations.

J'avais trois ans quand ma famille a quitté Paris, où je vivais avec ma mère. On est allés s'installer à Londres, pour le travail de mon père. Il est consultant en performance d'entreprise. Notre premier appartement se trouvait en banlieue, dans la ville de Croydon. C'était loin du centre, mais j'adorais ce quartier, qui avait son âme, son ambiance, son style, sa mentalité, un peu comme un village.

Tu dois te demander comment j'ai appris à parler anglais, puisque je suis né en France ? Au départ, mon père était assez inquiet parce qu'après plusieurs semaines en petite section de maternelle, la maîtresse lui a confié que je n'adressais la parole à personne dans la classe. Comme si je n'avais pas eu envie de me faire de copains ou que j'étais un enfant particulièrement timide... En réalité, c'était à cause de la barrière de la langue. J'avais du mal à m'exprimer en anglais et je ne comprenais pas tout ce que racontaient mes camarades. Mais j'ai plus d'un tour dans mon sac ! Je me suis mis au foot : c'était pour moi un moyen de jouer avec les autres sans avoir trop besoin de vocabulaire – et puis, tu connais certainement la passion des Anglais pour le foot... pour eux, c'est une culture et une identité en soi. Et le tour était joué. En très peu de temps, je me suis fait mes premiers amis, et ensuite, mes connaissances n'ont cessé de se multiplier. Bien sûr, certains enfants – que j'appellerais poliment des « sales teigneux » – profitaient de mes faiblesses en anglais pour se moquer de moi. Mais soit je ne m'en rendais pas compte, soit je décidais de les ignorer. Pas question de me laisser tirer vers le bas par leur mauvais esprit. D'ailleurs, ça a payé, puisqu'au bout de quelques mois, mon oreille s'était habituée à la langue, et que j'étais devenu copain avec (presque) tout le monde. Le comble : la maîtresse, qui me trouvait tellement silencieux à mon arrivée, a passé toute la fin de l'année scolaire à répéter : « *Gabriel, can you* please *be quiet*[2] *!* » J'en ris encore !

---

2. « Gabriel, un peu de silence, s'il te plaît ! »

Aujourd'hui, je trouve génial de savoir parler couramment l'anglais : c'est très utile, ça me permet de communiquer facilement avec les gens où que je sois, puisque l'anglais est LA langue internationale. *You know what I mean ?*[3] Quand on voyage, avec les Kids, c'est souvent moi qui engage la conversation avec les personnes des pays qu'on visite. Non pas que les autres ne connaissent rien à l'anglais – Nilusi a même un excellent niveau – mais l'anglais me manque trop, alors je saute sur toutes les occasions pour le pratiquer, et faire de nouvelles rencontres.

Parmi les copains que je me suis faits à Croydon, certains sont aujourd'hui encore mes meilleurs amis. Comme Trevel par exemple : un garçon super drôle. Tous les deux, on était inséparables vu qu'on avait des goûts très proches, et on formait un sacré duo à l'école. Surtout, on ri-go-lait ! Du matin au soir, non-stop, on faisait blague sur blague, on se vannait, on s'imaginait des histoires incroyables. Et il nous arrivait même – oh, très rarement, bien sûr ! – de faire quelques petites minuscules bêtises… Au point que les profs préféraient nous séparer en classe pour qu'on ne perturbe pas trop les leçons. Et en dehors de l'école aussi, on était tout le temps ensemble : on se baladait à vélo dans notre quartier et on faisait des batailles de pistolet à eau, dont le but (allez, j'avoue) était de mouiller… *les voisins* ! Je suis d'ailleurs surpris que mon père n'ait reçu aucune plainte. Entre nous, je l'ai échappé belle…

3. « Tu vois ce que je veux dire ? »

Trevel, je le revois chaque fois que je retourne à Londres, et le plus agréable, c'est qu'on n'a aucun problème à se retrouver même si on ne s'est pas vus depuis longtemps. C'est toujours comme si on s'était quittés la veille. Il faut dire qu'on se parle souvent : par messagerie, par téléphone, par Skype. Merci Internet !

En pensant à Londres, tu imagines peut-être une ville grise, noyée sous un torrent de pluie permanent. Eh bien, tu as… RAISON ! Oui, c'est vrai : il pleut souvent, et s'il ne pleut pas, il fait moche et généralement un peu froid. Mais moi, quand j'habitais là-bas, ça m'était égal parce que j'avais le soleil dans le cœur. Quand on s'amuse avec ses copains et qu'on s'entend bien avec sa famille, quand on aime ce qu'on fait et qu'on peut s'exprimer, la météo, ça devient *très* secondaire.

Quand j'ai eu sept ans, on a déménagé dans le centre de Londres, dans le quartier d'Earl's Court. Changement d'ambiance. Cette fois, on était *au cœur* de la capitale, là où ça bouge, là où ça vibre... là où *ça se passe* ! Dans ma rue, je voyais passer des bus rouges à étage toutes les cinq minutes, des taxis noirs et une foule de passants sur les trottoirs. Mais le mieux, dans mon nouveau quartier, c'est qu'il y avait plein (mais vraiment plein plein) d'activités pour les jeunes.

♫

Dès qu'on s'est installés à Earl's Court, mon père m'a inscrit au taekwondo, un art martial et un sport de combat d'origine coréenne. Précisons qu'à cette époque, il ne s'inquiétait plus du tout que je sois trop timide... au contraire, il me trouvait hyperactif. Super speed ! Une vraie pile électrique, tout le temps en action, constamment en mouvement. Il pensait que j'avais besoin de faire un sport qui me permette de me défouler. Et, en effet, le taekwondo est une activité idéale pour un petit gars très énergique. C'est pendant ces cours que j'ai fait la connaissance de Jonathan, et on est rapidement devenus très copains. Surtout qu'en plus des cours au centre d'arts martiaux, on s'est retrouvés dans la même école... et dans la même classe. Le top !

Ce que j'ai tout de suite adoré, chez Jonathan, c'est qu'il avait un humour très fin qui me faisait pleurer de rire – mais qui lui valait d'être souvent puni par les profs parce qu'il était très dissipé en classe… On était faits pour s'entendre !

Notre passion commune pour le taekwondo n'a fait que grandir. On adorait aller aux cours et, grâce à notre caractère assez compétitif, on se motivait l'un l'autre à faire toujours plus de progrès. Avoir l'esprit de compétition, selon moi, ce n'est pas vouloir écraser les autres, mais simplement se donner une raison pour se dépasser. L'idée n'est pas de battre à tout prix ses adversaires mais de gagner *pour soi-même*. C'est ma philosophie, du moins !

Jonathan et moi, on avait un but : gagner les championnats et remporter toutes les médailles d'or. Notre rage de vaincre nous a tellement portés qu'on a vite passé tous les niveaux jusqu'à la ceinture noire. Mais une fois atteint cet objectif ultime, que restait-il à faire ? Quel serait notre nouveau challenge commun ? Surtout qu'à ce stade, on était tous les deux en CM2, et qu'on s'apprêtait à partir chacun dans un collège différent… Alors Jonathan et moi, on s'est tournés vers un autre sport : l'athlétisme, et on s'est inscrits à la compétition annuelle de Chelsea et Kensington, où s'affrontaient toutes les écoles de ces deux quartiers. C'était un tournoi très connu et réputé à Londres – réputé difficile, surtout. Mais ça ne nous faisait pas peur, au contraire : ce défi nous stimulait ! Et pas seulement pour son intérêt sportif, d'ailleurs : le jour de la compétition, on avait le droit de porter nos propres habits et non pas l'uniforme scolaire (oui, parce

que en Angleterre, presque tous les établissements imposent de porter l'uniforme). Bref, cette journée s'annonçait aussi cool que stimulante !

Je devais représenter mon école dans l'épreuve du quatre cents mètres, une distance que je connaissais bien, nécessitant de ménager son effort, tout en gardant pratiquement la vitesse d'un sprinteur. J'avais demandé à mon père de venir assister à la compétition. Pour moi, c'était très important qu'il soit présent pour me soutenir. Lui était un peu hésitant, je pense qu'il craignait de m'ajouter une pression… mais, face à mon insistance, il a fini par accepter. Je lui ai promis qu'il ne le regretterait pas ! Le jour J, dès que je l'ai vu chercher une place dans les gradins, je lui ai fait un signe pour lui montrer que je m'échauffais comme un pro – genre au bord de la piste, à enchaîner les étirements, les pas chassés, les flexions-extensions… Dans ma tête, je me prenais un peu pour Usain Bolt, non pas parce que j'avais la grosse tête, mais pour me motiver ! Depuis la tribune, mon père m'a répondu en secouant la tête, comme pour dire : « Gab, tu en fais trop ! » Tu t'en doutes, ça n'a fait que me stimuler davantage. J'allais faire mes preuves, montrer quelles étaient mes capacités. Pas seulement à mon père, mais aussi pour faire plaisir à tous les élèves de la classe, pour les remercier d'être venus m'encourager.

L'autre objectif de cet échauffement, c'était d'impressionner mes concurrents. Les intimider. Qu'ils me craignent et se disent, avant même que la course ait commencé : « Ouh là, celui-là, il est meilleur que nous »… et que ça les décourage. N'empêche qu'au fond de moi, malgré toute ma motivation, une petite question me taraudait : « Vais-je réussir à tout donner ? »

J'ai démarré la course à une allure fulgurante. J'entendais les cris de soutien de mes copains, au bord de la piste, et je sentais sur moi le regard confiant de mon père. De quoi me donner des ailes ! J'ai encore accéléré, je redoublais d'énergie. La distance entre mes concurrents et moi se creusait. Je percevais les encouragements de mon prof : « *Go, Gab!* » Une ambiance de folie ! À chaque mètre, je voyais la ligne d'arrivée se rapprocher… sauf qu'en même temps, je sentais mes forces s'épuiser. C'est si difficile de garder toute sa puissance sur une telle distance ! Quatre cents mètres : un tour de stade complet. J'étais de plus en plus essoufflé… mais je continuais de courir !

La distance entre mes adversaires et moi était d'un demi-tour : une avance confortable. N'empêche qu'il n'était pas question de fléchir – deux cents mètres pouvaient être vite rattrapés, surtout par un concurrent moins fatigué que moi. Alors j'ai redressé la tête et appuyé encore plus fort sur mes mollets. J'avais l'impression de voler. Plus que cent mètres ! J'ai donné un dernier coup d'accélération, en tirant sur mes bras et en serrant les abdos. Trente mètres… vingt… dix… Alors, comme les grands champions, j'ai plongé en avant, inclinant le buste pile au moment de franchir la ligne d'arrivée. J'avais gagné ! Tout le monde m'a félicité. J'avais l'impression d'avoir accompli un véritable exploit. Sans même reprendre mon souffle, je me suis planté face à la tribune d'où m'observait mon père, et j'ai fait le signe d'Usain Bolt avec un grand sourire. J'étais au comble de la joie… et de l'essoufflement ! Après ça, j'ai été vite me cacher derrière les gradins pour reprendre ma respiration. J'avais tellement tout donné que mes poumons étaient au bord de l'explosion. N'empêche… quelle fierté en passant la médaille d'or autour de mon cou ! Remporter cette compétition sous les yeux de tous mes amis et de mon père, c'était un moment inoubliable.

Mais revenons à ma passion principale : la musique. En primaire, en plus de mes journées d'école « normale », j'allais tous les dimanches à Pineapple – plus précisément à Pineapple Performing Arts School. C'était un établissement génial, consacré à tous les arts du spectacle : la danse (toutes les danses imaginables !), le chant (des dizaines de styles), le théâtre (dramatique, comique, et même la comédie musicale)… Pour moi, c'était parfait parce qu'il *fallait* que j'aie quelque chose en plus de ma scolarité – un endroit où je puisse m'épanouir.

Je passais tous les dimanches après-midi là-bas, à pratiquer diverses activités. C'était l'occasion de me ressourcer, de me dépenser, d'apprendre de nouvelles techniques, et d'échanger avec d'autres enfants artistes. De plus, fréquenter Pineapple m'a permis de participer à de nombreux castings, car les professionnels venaient sur place pour choisir de jeunes acteurs pour des pubs ou d'autres projets. Je connais plein d'enfants qui ont été auditionnés et sélectionnés directement à Pineapple !

Les castings, pour être honnête, ce n'est pas forcément une partie de plaisir. Parce qu'on n'est pas toujours choisi. Mais ces déceptions sont utiles, elles forgent le caractère, elles obligent à rester humble. Dans la vie, il faut apprendre la frustration et même… le rejet parfois. Je ne correspondais pas toujours au profil recherché, soit physiquement soit en termes de talents musicaux et de compétences. Ça arrive, et il ne faut pas se laisser démoraliser. Au contraire, j'ai pris chacun de ces refus comme un moteur. C'est l'occasion de se serrer les coudes entre candidats, parce qu'on retrouve généralement les mêmes personnes de casting en compétition, alors on apprend à se connaître, à s'apprécier, à se soutenir. Et un jour, on te dit que c'est *toi* qui as été retenu, et tu passes de l'autre côté de la barrière. Comme la fois où j'ai été pris à l'émission *TeenStar*, un peu l'équivalent de *The Voice Kids*, et que j'ai été jusqu'en finale. Ou celle où j'ai participé à mon premier enregistrement…

♫

L'aventure de « First One » a commencé par l'enregistrement du single. Je n'avais encore jamais mis les pieds dans un studio professionnel, mais j'ai tout de suite adoré : on m'y traitait comme un adulte, ce qui me boostait pour être particulièrement impliqué et attentif. J'ai appris qu'il fallait être rigoureux, bien connaître ses textes, écouter les conseils et – règle d'or – *toujours-toujours-toujours* faire gagner du temps à tout le monde. Les meilleurs moments, c'était quand on chantait, bien sûr, mais aussi quand on commandait des pizzas pour toute l'équipe. Pendant ces intermèdes, on relâchait la pression et on délirait tous ensemble. Comme une grande famille !

Heureusement, cette aventure ne s'est pas arrêtée là. Un peu plus tard, on a été convoqués pour le tournage du clip. On était des dizaines, tous inscrits au centre Pineapple, ce qui était génial, car on se connaissait très bien du coup. Quelle ambiance sur le plateau, je ne te raconte pas ! On a tourné le clip de notre chanson, « First One », en une journée. Je me rappellerai toujours cette sensation d'avoir, pour la première fois, les caméras et les projecteurs braqués sur moi... C'était comme basculer dans un autre monde, dans une autre vie, tellement plus intense et passionnante ! D'ailleurs, je me souviens aussi de ce que j'ai ressenti, le lendemain matin, en me levant pour aller au collège... J'avais l'impression d'avoir rêvé, et d'être revenu à une existence sans lumière.

Parallèlement à Pineapple, je fréquentais le centre Song Academy les mardis et jeudis après l'école. Song Academy avait une approche différente de Pineapple, mais tout aussi géniale, car on nous y encourageait à *créer*. Les élèves écrivaient eux-mêmes leurs chansons. On apprenait à jouer d'un ou de plusieurs instruments, comme la guitare ou les percus, pour s'accompagner soi-même, et on se produisait tous les mois devant un public, par exemple dans un bar, un centre commercial ou même de petites salles de concert.

Dans le fond, c'est grâce à Song Academy que je suis passé à la composition. J'ai écrit plusieurs chansons, et les ai ensuite postées sur YouTube. Ce que j'adore dans la création, c'est qu'on peut exprimer ce qui nous tient à cœur. Mon message principal, à moi, c'est d'encourager chacun à rester positif, et à poursuivre ses rêves. Le seul impératif, c'est d'y croire...

J'ai quitté le centre Pineapple au bout de deux ans pour aller m'entraîner en mode « street » à Piccadilly Circus Underground, un lieu insolite au centre de Londres. C'est là que se retrouvaient la plupart des danseurs de la capitale – principalement des danseurs de hip-hop – pour travailler leurs chorégraphies et échanger des conseils. Certains rêvaient de faire des émissions comme *Britain's Got Talent* (la version anglaise de *La France a un incroyable talent*) ou de devenir chorégraphes professionnels. D'autres faisaient des performances pour les touristes. Moi, je m'y rendais deux à trois fois par semaine, j'adorais l'ambiance de liberté qui y régnait. Et puis un jour, à ma grande tristesse, les autorités ont fermé cet espace si riche pour le transformer en salle de jeux vidéo et de machines d'arcade. Grosse déception…

♫

Tu te demandes peut-être pourquoi mon pote Jonathan et moi partions chacun dans un collège différent après l'école primaire… La raison est simple : j'avais une place pour aller dans un établissement spécialisé dans la musique, nommé Chelsea Academy. J'ai sauté sur l'occasion ! Mon rêve commençait à se réaliser. Le chant et la danse allaient être désormais *au cœur* de mes journées, et plus seulement *autour* de ma scolarité. Et tout ça grâce à mes heures de travail intense aux centres Pineapple et Song Academy, et aux spectacles auxquels j'avais participé. Quand je dis qu'il faut toujours suivre ses rêves !

Gabriel

Le chant, c'est tout pour moi, en particulier un moyen de me défouler, de communiquer. C'est ce qui me permet de trouver ma place dans le monde, dans la vie. Quand j'étais plus jeune, certains de mes camarades se moquaient de moi. Soi-disant, le chant, c'est pour les filles. Genre. Entre nous, je m'en fichais pas mal. Non, sans blague, en toute sincérité, ça ne m'atteignait pas, d'une part parce que ma motivation était plus forte, et d'autre part parce que les garçons se sont vite rendu compte que chanter, ça me permettait surtout d'avoir du succès… AUPRÈS des filles ! Au bout de quelques semaines à peine, je n'étais plus du tout le seul mec à faire du chant. Ben tiens, comme par hasard !

À Chelsea Academy, les élèves portaient un uniforme noir à écusson violet. Un ensemble assez élégant, je dois dire, même pour un garçon comme moi qui se sent plutôt à l'aise en streetwear. Bizarrement, porter l'uniforme n'était plus contraignant, c'était comme un signe de ralliement, une façon de me rappeler la chance que j'avais d'être dans un établissement aussi incroyable. J'avais été sélectionné pour mes compétences en chant et au piano, et la direction m'avait offert une bourse, c'est-à-dire la scolarité quasi gratuite. La seule contrepartie, c'est que je devais me produire à toutes les représentations de l'école. En vrai, j'étais super content !

C'est à Chelsea Academy que j'ai fait la connaissance de Nicolas. Nicolas était très populaire et il plaisait beaucoup aux filles. On formait un joli binôme, lui et moi ! On a passé trois ans dans la même classe. Lui aussi, c'était un passionné, c'est même ce qui nous a tout de suite rapprochés : son truc, c'était le skateboard. Je n'ai pas mis longtemps à devenir moi aussi fan de ce sport. Mais pourquoi le skate ? Parce que LE SKATE. Hum, ça ne suffit pas trop comme explication, je crois... Le skate, en fait, ce n'est pas qu'un sport, ce n'est pas qu'un loisir... c'est un *état d'esprit*. Un peu comme le ski ou le snow, d'ailleurs. Parce que la glisse, c'est la liberté, le mouvement, la vitesse... et, surtout, c'est des *sensations à coup sûr*. Quel bonheur : slalomer entre les passants, filer le long de la mer pendant les vacances, enchaîner les figures au skatepark...

Au départ, je l'avoue, j'étais... comment dire... NUL. Normal, remarque, pour un débutant. Alors j'ai fait comme tous ceux qui se lancent dans un nouveau sport, j'ai appris les bases. Parce que tenir sur une planche, ce n'est pas si simple que ça en a l'air... et OUI, je me suis pris quelques gamelles (bon, d'accord, *plein* de gamelles) en avançant à deux à l'heure (interdit de se moquer !). La première fois que j'ai eu le sentiment de commencer à maîtriser, c'est quand j'ai appris à franchir les marches. Cette technique s'appelle le ollie. Il m'a fallu pas mal d'entraînement, mais quand j'ai chopé le truc, ça m'a ouvert des perspectives incroyables : le ollie, ça permet de monter sur des trottoirs, de faire des flips ou des slides. C'est le début des sensations fortes !

Bien évidemment, je suis rentré à fond dans le skate, et je me suis vite passionné pour les différents modèles de planches, les autres techniques, les skateparks... Passionné un jour, passionné toujours ! Notre skatepark favori, avec Nicolas, c'était Baysixty6, un lieu unique à Londres, entièrement aménagé pour le skate… et couvert d'un immense toit pour permettre aux jeunes de venir s'entraîner même quand il pleut (c'est-à-dire… souvent). Les structures y sont géniales : il y a des rampes, des plans inclinés, des bosses… Le paradis du rider !

Mais il n'y a pas qu'au skatepark qu'on s'amusait, Nicolas et moi. On s'éclatait bien aussi au collège… un peu trop même ! Comme la fois où il m'a chuchoté une blague sur la directrice, alors qu'elle était venue sermonner toute la classe à cause des élèves qui couraient dans les couloirs. J'ai été immédiatement pris d'un fou rire incontrôlable. La prof me faisait signe de me calmer, mais c'était impossible, j'étais purement et simplement incapable de me retenir. Je n'osais pas regarder Nicolas qui, lui aussi, gloussait comme une poule. Alors ce qui devait arriver arriva : on a tous les deux été convoqués dans le bureau de la directrice et punis : une heure de colle !

Au bout de trois ans, Nicolas a quitté Chelsea Academy parce que ses parents ont déménagé. À sa place est arrivé Shane, un jeune Français – un Parisien du XVIe arrondissement. Il venait de débarquer en Grande-Bretagne et ne savait pas encore très bien parler anglais. On est tout de suite devenus amis. Je le soutenais beaucoup parce que j'avais encore le souvenir de ma propre arrivée en Angleterre et le problème de la barrière de la langue. Et puis j'étais content d'avoir quelqu'un au collège avec qui parler français – c'était un peu notre langue secrète, vu que les autres élèves n'y comprenaient rien. En réalité, la plupart du temps, on échangeait en anglais, SAUF quand on avait des trucs à se raconter incognito sur les profs… ou sur les filles !

Shane était du genre dragueur, avec un humour assez sarcastique, et un passionné de sport, en particulier de kick-boxing. Je n'ai pas mis longtemps à apprendre moi aussi cette discipline – et on a commencé à fréquenter la salle de sport David Lloyd de Gloucester Road, pas loin de chez moi. On passait beaucoup de temps à s'entraîner. Vraiment *beaucoup*. Et pour une raison simple : ni lui ni moi ne pouvions vivre sans activité physique. Le sport, ça défoule, ça libère, ça donne l'occasion de se dépasser… Pour un garçon comme moi qui a de l'énergie à revendre, c'est in-dis-pen-sable. Sans ça, je me transformerais en cocotte-minute !

Quand on n'était pas à la salle de kick-boxing, Shane et moi, on aimait se promener dans le quartier animé de King's Road, ou à Saint Luke's Gardens, un magnifique parc au cœur de Chelsea. On était très proches et très solidaires. Il pouvait compter sur moi, et je savais que je pouvais compter sur lui.

Les copains, pour moi, c'est d'abord des personnes avec qui je partage mes passions. Et avec qui je partage *tout court*. C'est cela, ma conception de l'amitié : de la rigolade et du soutien. Voilà pourquoi j'apprécie tant que mes potes viennent me voir en concert. Les savoir dans la salle, ça me booste, tout comme sentir leurs encouragements, les voir applaudir comme des dingues à la fin de chaque chanson. Ils me donnent de l'énergie

par leur présence, ils me transmettent leurs bonnes ondes ! Et même en dehors des concerts, ils me soutiennent. En classe, par exemple, si j'avais fait une bêtise, ils volaient toujours à la rescousse, en disant à la prof que ce n'était pas moi ! Des vrais amis, quoi.

Et ce ne sont pas des relations à sens unique, évidemment : moi aussi, je tiens à être là pour eux quand ils en ont besoin. Que ce soit pour discuter, pour leur remonter le moral, ou pour les couvrir en cas de problème, comme la fois où Shane a perdu son carnet scolaire. À Chelsea Academy, ceux qui oubliaient leur carnet étaient obligés de rester jusqu'à la fin de la journée, même si les cours finissaient plus tôt. Et justement, ce jour-là, Shane terminait à 14 heures. Inutile de préciser qu'il n'avait *aucune envie* de rester trois heures de plus, à se tourner les pouces. Alors, on a procédé… comment dire… à un petit trafic de carnets ! Et ça a marché comme sur des roulettes ! La preuve, à 14 h 30, Shane et moi on était… au ciné ! Avec chacun une énorme portion de pop-corn sur les genoux !

Aujourd'hui, vu que l'emploi du temps du collège n'est plus tout à fait compatible avec mes activités d'artiste, je fais l'école à la maison, et ça me permet d'être efficace à la fois au niveau scolaire et dans mon évolution professionnelle. La seule chose qui me manque, c'est les récréations qui sont des moments de défoulement et de rigolade avec les potes. Heureusement, je compense avec mes copains des Kids et en faisant du sport tous les jours.

Gabriel

Je suis heureux d'avoir vécu en Angleterre si longtemps. Sans les établissements spécialisés, tels que Pineapple, Song Academy ou Chelsea Academy, je n'aurais peut-être pas pu m'épanouir aussi rapidement en tant qu'artiste. Et puis, à Londres, il y avait aussi ma grand-mère adorée. Elle s'occupait beaucoup de moi, elle était ma confidente et m'encourageait dans tout ce que j'entreprenais. Elle a beaucoup contribué à faire de moi qui je suis. Enfin, connaître une langue comme l'anglais m'a aidé à être vraiment un enfant du monde. Dans certains pays, l'anglais n'est pas indispensable, mais il y en a d'autres où ça aide *beaucoup*. Par exemple… les United States of America. Forcément ! Les États-Unis, on y est allés en décembre 2016, et plus précisément à New York. Je répète : NEW – YORK – CITY. Le rêve ultime. La grosse pomme. La ville qui ne dort jamais. Là où tout est possible ! Comme Londres, en plus grand, en plus gros, en plus haut… bref : en « *plus* ». Les autres Kids et moi, on a été invités au siège de l'ONU pour les soixante-dix ans de l'UNICEF, et pour comprendre un peu mieux comment fonctionne cette organisation incroyable dont la mission est d'aider les enfants partout sur la planète.

Je n'étais encore jamais allé à NYC mais, comme tout le monde, j'avais vu et revu des images de cette ville dans les séries et au cinéma. Quand je suis arrivé sur place, je n'ai vraiment pas été déçu. On logeait dans un hôtel à Manhattan dans un immense immeuble entouré par les gratte-ciel. Depuis la fenêtre de la chambre, je voyais les longues avenues fourmillantes de passants, et les routes bondées de taxis jaunes. Il y en avait des dizaines. Plus que des voitures ! Partout à la ronde, on entendait les sirènes hurlantes des camions de pompiers ou de police. Je me serais cru dans un film !

La visite de l'ONU était un moment exceptionnel. Assez sérieux, forcément, mais très intéressant. On a visité les bureaux, on a contemplé les œuvres d'art symbolisant la paix, comme le revolver au canon noué, et on a enregistré un message pour rappeler que, dans le monde, il y a des millions d'enfants qui subissent la guerre et qu'il est important de les sauver de cette injustice en soutenant l'UNICEF.

Le moment le plus intense, pendant notre visite, c'est quand on est montés sur scène sous le regard – excusez du peu ! – de David Beckham et Orlando Bloom. Le but de cette soirée, c'était de célébrer les soixante-dix ans de l'UNICEF, bien sûr, mais surtout de mettre les enfants à l'honneur. Il faut dire que cette organisation, qui a été créée en 1946, a fait un travail incroyable pour venir en aide aux enfants dans le monde. Au départ, ce soutien était destiné aux enfants que la Seconde Guerre mondiale avait laissés orphelins ou dans la misère, mais bientôt il s'est élargi à toute la planète. La cérémonie d'anniversaire était très classe : tapis rouge (enfin… bleu, parce que c'est la couleur de l'UNICEF), des hommes et des femmes politiques, des stars internationales comme Angélique Kidjo et Femi Kuti, des ambassadeurs de tous les pays, des médias du monde entier…. Et je ne te parle même pas de la salle de spectacle. immense et magnifique, avec *un vrai orchestre symphonique* ! Le plus incroyable, c'est que ce soir-là, l'Empire State Building, l'un des bâtiments les plus hauts et les plus emblématiques de New York, a été entièrement éclairé du bleu de l'UNICEF. C'est David Beckham qui a allumé les lumières, et laisse-moi te dire qu'à cet instant, j'ai eu une sacrée chair de poule !

Il y a eu des prises de parole des directeurs de l'organisation et de quelques personnalités, mais le vrai objectif de cette soirée, c'était de mettre les enfants à l'honneur. Comme l'a expliqué Millie Bobby Brown, ce soir-là : « À l'ONU, les enfants étaient aux commandes… Demain, ils seront aux commandes du monde ! » Alors c'est nous, et d'autres groupes de différents pays, qui avons fait le show. Pour l'occasion, on avait prévu de chanter « Imagine », la célèbre chanson de John Lennon, qui appelle à la paix dans le monde. L'ambiance était très différente de tous les autres concerts qu'on avait faits… et pas seulement parce que je portais un *costard*. (Esteban aussi. On était tous sur notre trente-et-un !)

Pour commencer, on a chacun prononcé une phrase dans une langue différente : Esteban en espagnol, Gloria en français, Nilusi en sri-lankais, Erza en kosovar, et moi en anglais. Puis on a entonné les paroles de la chanson. Le public était assis, mais tout le monde avait allumé son téléphone, ça faisait comme des centaines de lueurs d'espoir dans la salle… Une vraie émotion. Et l'impression de participer à quelque chose d'important.

Gabriel

Voilà ce que m'apporte l'UNICEF : le sentiment d'être utile, de ne pas agir seulement pour moi, mais pour tous. C'est ce qui me pousse, depuis que je fais partie de Kids United, à donner de mon temps bien que je sois déjà très occupé. Participer aux campagnes humanitaires, aller à la rencontre des enfants défavorisés, discuter avec eux, y compris en l'absence de caméras… Aujourd'hui, ça fait partie de mes priorités. J'ai compris que s'engager, c'est offrir un peu de soi pour être auprès de ceux qui en ont besoin. Quand l'UNICEF nous emmène visiter des orphelinats ou des écoles dans des pays pauvres, je m'impose une règle simple : ne jamais regarder l'heure. Je veux être présent à cent pour cent pour ces enfants ! Et encore, quand on y pense, donner quelques heures, ce n'est pas grand-chose… Alors je le fais avec plaisir, et aussi souvent que possible.

N'empêche qu'il faut avoir les nerfs bien accrochés pour réussir à passer, d'un jour à l'autre, des tapis rouges et des plateaux de télévision aux orphelinats et hôpitaux. L'UNICEF nous a permis de voyager dans différentes régions du monde, certaines très pauvres et ravagées par la famine. C'est au Sénégal que j'ai compris à quel point nous avions de la chance de vivre dans un pays comme la France… et que les inégalités dans le monde étaient encore très fortes. D'après moi, il est essentiel de se montrer tolérant envers les autres, de partager ce qu'on a, et de s'ouvrir à toutes les cultures. Participer au projet humanitaire de l'UNICEF, ça m'apporte de la lucidité et de la maturité, et cette visite à l'ONU m'a rappelé à quel point il faut continuer à se battre pour qu'un jour, tous les enfants dans le monde vivent libres et insouciants.

♫

Évidemment, il y a plein d'autres choses que j'adore aux États-Unis, et en particulier… la musique, toujours ! On y revient ! Mais avec moi, mieux vaut le savoir : *tous les chemins mènent au groove*. Mon chanteur préféré de tous les temps, sans l'ombre d'une hésitation, c'est Michael Jackson. Le roi de la pop, le génie de la danse, *the best of the best*. Déjà quand il était petit, avec les Jackson Five, il était génial, et toute sa carrière a montré à quel point c'était un artiste exceptionnel. Il était vraiment au-dessus du lot. Ses clips, je les ai vus des centaines de fois. Ses chansons ? Je les connais par cœur. Ses pas… Surtout le fameux moonwalk ! Je ne vais pas mentir : j'ai mis un certain temps à y arriver. Je m'entraînais dès que je le pouvais : dans la cour et les couloirs de l'école, dans ma chambre, dans la cuisine. (Trop pratique, le carrelage qui glisse !) Et j'ai finalement trouvé le secret de ce pas incroyable. Je parie que tu aimerais le connaître… Eh bien, c'est simple (mais ça reste entre nous, hein !) : d'abord, tu prends appui sur la pointe du pied, genou fléchi ; tu pousses vers l'arrière en reculant l'autre pied bien à plat sur le sol, et tu recommences avec l'autre pied. Et ainsi de suite. Au bout de plusieurs pas enchaînés rapidement : c'est bon, tu fais du moonwalk ! Succès garanti !

Mon autre idole, c'est Justin Bieber. Comme pour tous les Kids, d'ailleurs. Imagine un peu notre joie quand on a appris qu'on irait le voir en concert ! C'était à l'Accor-Hotels Arena, à Paris, dans le cadre de sa tournée « *Purpose World Tour* ». On était surexcités ! En plus, on avait des super places, et on a pu observer de tout près sa technique de danse… Un show incroyable ! Il y avait beaucoup d'effets spéciaux, et la chorégraphie de Justin était bluffante et très inspirante, d'ailleurs. Justin… WE LOVE YOU !

Déjà, ça, c'était absolument génial. Alors si je te dis que ce n'était pas le meilleur concert auquel j'ai assisté, tu y crois, toi ? Eh bien si, il y a encore mieux, et le top du top, c'était celui de Bruno Mars. Tout était impressionnant, dans ce show : les musiciens, les chorés, les chansons évidemment… ça m'a donné une énergie d'enfer et le lendemain, à notre propre concert, j'avais encore plus la pêche ! Voilà pourquoi j'aime voir d'autres artistes en spectacle : ça me permet d'apprendre et de découvrir de nouveaux univers. Que du bonheur !

♫

En résumé, mes chanteurs préférés, je les adore, je les vénère, je les imite… Non pas forcément pour les égaler (égaler le grand Michael ? Impossible !) mais pour me perfectionner. Dans le but de devenir, à mon tour, un artiste avec mon univers et mon style à moi.

D'ailleurs, c'est mon but ultime : proposer un jour au public mes propres créations, marquées par ma personnalité, par mes goûts et sur des thèmes qui me tiennent tout particulièrement à cœur. Dans ma chambre, j'ai un ordinateur et tout un système pour créer de la musique. Je peux passer *des heures* à m'entraîner, à inventer des accords, des mélodies…

Je m'intéresse aussi beaucoup aux autres jeunes artistes, en surfant sur le Web et en regardant des vidéos. J'aimerais, plus tard, être dénicheur de jeunes talents et pouvoir ainsi partager ce qui m'a été donné. Eh ouais, moi aussi je suis jeune et je sais à quel point c'est dur de se faire sa place. J'adorerais offrir aux gens une chance de vivre leurs rêves !

C'est un plaisir de découvrir de nouveaux artistes, et c'est pour moi le moyen de rendre un peu de ce qu'on me donne. Travailler dans l'ombre ne me dérange pas… tant que ça reste dans le domaine artistique ! Et puis ça crée des relations riches et intéressantes car, en tant que musicien, je comprends les artistes. Et peut-être qu'un jour, eux aussi auront la chance de vivre l'expérience que je suis en train de vivre avec Gloria, Erza, Esteban et Nilusi.

♫

Il faut dire qu'on s'entend tous super bien, entre Kids. On peut compter les uns sur les autres, quoi qu'il arrive. On est de vrais amis et j'ai des affinités avec chacun. Mon complice pour les blagues (ou les bêtises… très rares, ÉVIDEMMENT), c'est Esteban. Tu veux savoir quel est notre gag préféré ? Chiper le téléphone de Jérémy, le directeur artistique, de Fabrice Marchal, notre manager, ou d'autres membres de l'équipe qui sont constamment rivés à leur portable pour travailler. On pique leur téléphone, ni vu ni connu… et on les regarde chercher frénétiquement partout, complètement paniqués ! Notre autre passe-temps, avec Esteban, c'est quand on se trouve dans un nouvel endroit : on furète de partout… et surtout dans les coins interdits ! Tu sais ce que c'est. L'aventure. Le danger. Tout ce qui me fait bouillir le sang, monter un peu la pression… Ah, j'adore ça !

Gloria et Erza sont mes partenaires pour les jeux de société, les jeux de cartes (on y joue souvent pendant les looooongues heures de train quand on est en tournée) ou le baby-foot. Le plus drôle, c'est qu'on a tous les trois l'esprit de compétition, alors on est prêts à TOUT pour éviter de perdre. Je les soupçonne d'ailleurs de tricher parfois pour m'éliminer d'une partie. Alors que moi, jamais de la vie… TU PENSES BIEN ! (Hu hu hu…)

Avec Nilu, j'aime surtout discuter et débattre de tout et de rien. J'aime son humour, on rigole beaucoup ensemble. En plus, elle est comme moi : pleine de projets et d'envies nouvelles. Je la considère vraiment comme une sœur.

L'aventure incroyable que nous vivons tous ensemble nous rend très solidaires. On se connaît par cœur, et lorsque l'un de nous a un coup dur, tous les autres répondent présent pour le soutenir. Par exemple, le jour où je suis monté sur scène malade… J'avais tellement mal à la gorge que je pouvais à peine chanter. Tu n'imagines même pas à quel point c'est l'horreur ! Je ne voyais pas comment j'allais pouvoir honorer ce concert…

Je n'avais qu'une crainte: décevoir nos fans. Je n'ai eu qu'un signe de tête à adresser à Nilu et Erza – elles ont aussitôt compris, et passé le message à Gloria et Esteban. La chaîne de solidarité s'était activée ! Mes copains ont chanté à ma place tous les passages difficiles. Rien que d'un regard, ils me disaient: « Ne t'inquiète pas, je prends cette partie. » Ce qui s'annonçait comme un moment difficile s'est avéré une expérience touchante et réconfortante. Ça a encore renforcé nos liens. Depuis, on se sent tous très proches. Quand les amis deviennent la famille !

Ma plus grosse difficulté, depuis le début du projet Kids, c'était au tout départ parce que je parlais assez mal le français... Je venais seulement de rentrer en France, après avoir vécu à Londres dix ans, et l'anglais était devenu ma langue principale, celle dans laquelle j'étais le plus à l'aise, même si je continuais à échanger avec Shane. J'ai essayé de cacher mes lacunes: j'apprenais mes textes par cœur. Certains mots, simples aux yeux du groupe, étaient pour moi un calvaire à prononcer. Aujourd'hui, je peux en rire, mais sur le coup, ce n'était pas évident: pour le premier album, j'ai eu le double de travail...

Si je n'étais pas revenu vivre en France, je n'aurais jamais pu vivre cette incroyable aventure de Kids United. Petit, je répétais souvent à mon père que je rêvais de pouvoir un jour monter sur scène et crier au public « Faites du bruit ! ». Ce jour est arrivé lors de notre premier concert à l'Olympia. C'était un sacré cap à passer, et le stress était au rendez-vous, autant que la joie. On avait conscience de se produire dans une salle mythique, où avaient chanté Édith Piaf, Johnny Hallyday, les Beatles, les Rolling Stones – il faut dire qu'on nous le répétait à *longueur de temps* les jours qui ont précédé… au bout d'un moment, ça met un peu la pression ! On s'est tous pris par la main avant d'entrer en scène et on a lancé notre cri de guerre… puis *hop !* c'était parti ! Pour moi, c'était une émotion indescriptible, et ça reste un de mes plus grands souvenirs.

L'Olympia, ce n'est pas seulement une histoire de légendes, c'est aussi une salle exceptionnelle du point de vue acoustique, et sans doute la meilleure pour se sentir en phase avec le public. Elle contient assez de places pour qu'il y ait une ambiance de feu et, en même temps, l'espace reste à taille humaine : on voit les visages, on entend les voix, on vibre avec les fans. C'est justement une des choses les plus importantes pour moi : pouvoir partager avec le public. Car avec lui, il existe une relation incroyable, unique, presque indescriptible… Une relation fusionnelle, je dirais. Quand je suis sur scène, avec mes amis de Kids United, j'ai le sentiment de comprendre ce qu'attend l'auditoire, de sentir les émotions des spectateurs quand je chante. Voilà pourquoi je donne mon maximum à chaque spectacle : par reconnaissance, en remerciement de tout cet amour que je reçois ! Je me rends compte qu'on s'amuse tellement avec les Kids ! Et c'est une chance, un rêve même, de pouvoir faire ensemble ce qu'on aime, de le partager.

Surtout, je tiens à être toujours le plus vrai possible avec nos fans, à leur transmettre le plus important. Ma philosophie, ma façon de voir le monde et la vie, elle se résume en une phrase : « Il faut toujours croire en ses rêves, ne jamais se décourager ni se laisser marcher dessus. » Ma fameuse devise. Celle qui m'accompagne depuis que je suis petit, et qui me porte chaque jour.

Si j'y suis arrivé, alors c'est à la portée de chacun. Parole de Super-Gab ;-)

Nilusi

« Profitez de chaque instant. Croyez en vos rêves ! »

Coucou !

Si je te dis : « Crois en toi, sois positif, et surtout, garde le sourire ! », tu as deviné qui je suis ? Bien joué, c'est moi Nilusi ! Nilu, pour les intimes. Et je suis ravie de te livrer un peu de mon histoire. J'espère que mes petites anecdotes te plairont… Mon seul but, c'est de t'apporter de la joie !

Grâce à toutes ces lettres que je reçois (je les lis toutes !), pleines de belles histoires, je me suis dit que j'allais t'en raconter une, moi aussi. Alors, tu me suis ? C'est parti pour un petit voyage sur les sentiers de ma vie !

Mon histoire s'est construite entre deux pays, la France et le Sri Lanka. Je suis née à Paris, et j'ai grandi en région parisienne. Mes parents, eux, sont tous les deux sri-lankais, et c'est mon père qui, le premier, m'a initiée à la musique. À la musique sri-lankaise, je précise. Quand j'étais petite, on n'écoutait que ça à la maison. Mes parents étaient fans. Je crois qu'ils aimaient retrouver les sonorités de chez eux. Et, en effet, rien n'est plus beau que cette énergie orientale. C'est merveilleux. Elle est pleine de variations très belles autour des mélodies. En plus, elle me renvoie à mon enfance.

La musique sri-lankaise est très différente de ce qu'on connaît en Occident. Encore que… il y a des influences indiennes, évidemment, puisque les deux pays sont voisins, mais aussi portugaises et même anglaises (en raison d'un passé colonial). On trouve donc des instruments et des rythmes très variés, souvent à base de percussions, mais aussi des cordes (la mandoline, le ukulélé ou la sitar, qui est une sorte de luth) et quelques vents, comme des flûtes traversières en bois qu'on appelle bansuri et qui produisent un son clair et pur, vraiment magnifique… C'est cette diversité que j'aime, qui me ressemble et qui m'inspire !

Mon père adore chanter. À la maison, il fredonne tout le temps, il sifflote, il bat le rythme avec son pied… Un « homme-orchestre » ! Pour résumer : quand on ne l'entend pas, c'est tout simplement qu'il n'est pas là ! Cette ambiance de musique permanente m'a imprégnée dès le plus jeune âge. On dit souvent que les apprentissages les plus marquants se font quand on est encore bébé; dans mon cas, avec la musique, c'est flagrant. La preuve: j'avais seulement deux ans quand j'ai participé à mon premier concours de chant! Ça, on peut le dire, j'ai commencé *jeune*. Mes parents m'avaient inscrite à ce concours parce qu'ils avaient remarqué que je réagissais dès qu'ils mettaient un CD ou entonnaient une mélodie. D'un coup, j'avais l'air plus attentive, je souriais et me dandinais en rythme, essayant même d'imiter les paroles. Ils trouvaient ça trop mignon! Voilà pourquoi ils ont pensé qu'une audition serait amusante, pas pour l'aspect « compétition », mais pour le côté ludique.

Entre nous, ce concours, je ne m'en souviens absolument pas… Enfin, j'ai quelques images en tête, mais je ne pense pas que ce soit de vrais souvenirs. Ça vient plutôt des photos qu'on m'a montrées ensuite. Imaginez un petit bout de chou, tout brun et tout bouclé, avec de bonnes joues toutes rondes, chantant sur scène avec un micro énorme. (Énorme vu ma taille, bien sûr!)

J'ai beau avoir tout oublié de ma prestation, je suis convaincue d'une chose: mon goût pour la scène est né ce jour-là. Être sous les projecteurs quand on est si petite, ça forge le caractère, ça épargne certaines appréhensions. Logique: à l'époque, j'étais trop jeune pour ressentir le trac. Pour moi, chanter devant un public, c'était facile et naturel. Très vite, j'ai ressenti le besoin

de monter sur scène, comme si ça faisait partie de moi, de même que la nécessité de créer, de chanter, de danser. Ma passion et moi, on a grandi ensemble, en quelque sorte…

♫

Mes parents et mon frère Suranga m'ont toujours soutenue… Mais c'est surtout cet amour pour la musique qui me pousse à aller de l'avant et qui me fait carburer au quotidien. C'est lui qui nourrit mon attitude positive et ma joie de vivre. Avec la musique, on se fait comprendre sans avoir besoin de rien dire, on transmet des émotions sans avoir besoin de grands discours. Elle permet de faire des rencontres, de tisser des liens, de grandir. De découvrir de nouvelles cultures même sans en connaître la langue. En fait, c'est grâce à la musique que je suis devenue celle que je suis aujourd'hui. Grâce à elle, et aussi grâce à mon amour pour les livres.

J'ai toujours aimé les livres. On y trouve toutes sortes de personnages qui nous entraînent dans de nouveaux univers et nourrissent notre imagination. C'est peut-être parce que les mots ont une musique bien à eux que je suis si sensible à la littérature. Et c'est sans doute pour cela que j'aime autant les textes poétiques !

Quoi qu'il en soit, mes parents m'accompagnent partout. Les tournées sont un peu comme des colonies de vacances, avec toutes les familles, les techniciens… Et c'est génial ! Le plus souvent, c'est ma mère qui vient. Elle veille sur moi, comme toutes les mamans : elle s'assure que je ne me fatigue pas trop, que je mange bien, que je révise mes cours… On y gagne toutes les deux : ça la tranquillise de vérifier que tout se passe bien, et en retour, sa présence me réconforte et me permet de me donner à cent pour cent.

Suranga participe parfois aux voyages, mais il a ses propres projets musicaux auxquels il consacre l'essentiel de son temps libre – ça, je ne peux *évidemment* pas le lui reprocher ! Quant à mon père, il se déplace souvent pour son travail, alors il est moins disponible. Donc, même s'ils ne sont pas tous présents, je ressens en permanence le soutien des membres de ma famille. C'est un carburant essentiel, et je me sais très chanceuse d'en bénéficier.

D'ailleurs, quand je dis « famille », c'est aussi au sens large. Plus exactement : au sens *international* ! La plupart de mes oncles, tantes, cousins habitent le Sri Lanka. Mais j'ai aussi des cousines en Allemagne, en Italie… et même en Australie ! En réalité, mes parents, mon frère et moi, on est les seuls à vivre en France. Toutes ces personnes éparpillées dans le monde, j'ai beau ne pas les voir très souvent, je les adore. C'est la force des liens du sang, je crois.

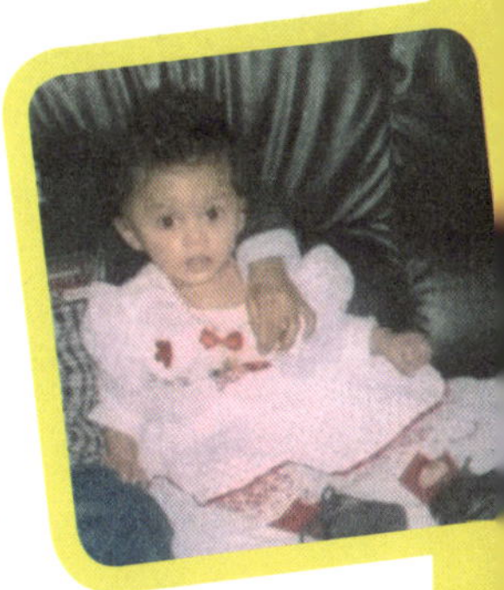

Les moments que je préfère, c'est quand la famille au complet se réunit au Sri Lanka pendant les vacances. Mes grands-parents vivent à Colombo, la capitale, et c'est chez eux que tout le monde se retrouve. J'y suis déjà allée quatre fois. Ces voyages m'ont laissé des souvenirs merveilleux et inoubliables. L'accueil là-bas est tellement

chaleureux ! On fait des festins, on s'offre des cadeaux, il y a des surprises, et généralement, on en profite pour faire un peu de tourisme dans les régions voisines.

Mon plat préféré, c'est un plat sri-lankais, le biryani : du riz et des lentilles avec du poulet. C'est su-per bon. Surtout celui que prépare ma grand-mère. J'adore ! Un peu épicé, c'est vrai : muscade, cumin, poivre, cannelle, cardamome, menthe, coriandre… Ça donne envie, non ? Par contre, il ne faut pas me demander la recette… je ne la connais pas ! Faire la cuisine, ce n'est pas mon point fort… mais déguster de bons petits plats, ça oui, parce que je suis une grande gourmande !

Un autre petit péché mignon, mais que je mange plutôt ici : les sushi. C'est trop, trop délicieux ! Avec Esteban, parfois, quand on passe la soirée à l'hôtel, pendant les voyages ou les tournées, on a des fringales de sushi ! Ça nous arrive d'hésiter parce qu'une fois sur deux, on en a déjà mangé la veille… mais généralement, l'envie est trop forte et on finit par passer commande. On se l'est avoué une fois, entre deux maki et trois sashimi : on ne *peut pas* se passer de sushi !

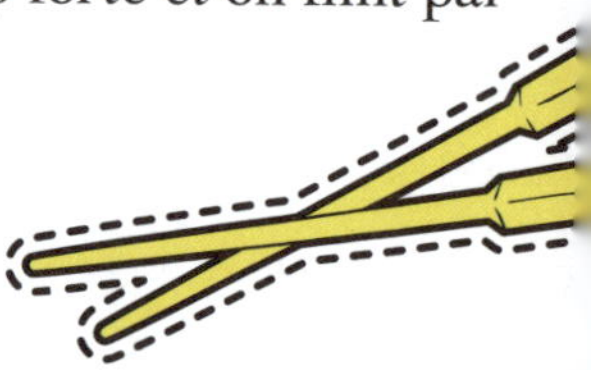

La vie au Sri Lanka est très différente de celle que je connais en France. Les paysages sont superbes, et la nature encore plus présente, vraiment au cœur des activités des gens. C'est paradisiaque. Très vert, avec plein de forêts, de la montagne, et la plage de cocotiers avec sa mer turquoise n'est jamais très loin… le paradis sur Terre ! Évidemment, Colombo étant une capitale, il y a également des gratte-ciel, et entre deux buildings, des petits temples tout minuscules… mais il y a aussi la plage juste au pied, un lac immense au milieu, et la montagne n'est pas *si* loin (une centaine de kilomètres seulement… mais trois grosses heures de route qui tourne et tourne !). Ça fait un peu rêver, non ? En plus, les gens sont si gentils !

Une de mes tantes tient une boutique, mes oncles sont artisans ou travaillent dans les champs de thé. Ma famille et moi, on n'a pas la même existence, pas les mêmes références, mais notre affection les uns pour les autres fait qu'on se sent proches malgré tout.

Heureusement, je me débrouille bien en cinghalais. Je leur raconte mes aventures de jeune Parisienne, mais je ne m'étends pas trop sur mes projets artistiques. Je n'aime pas vraiment parler de moi ; je préfère profiter du temps que je passe avec mes cousins et cousines pour en savoir plus sur leur vie. Et puis, entre nous : Kids United, on n'est pas franchement connus au Sri Lanka ! Alors mes histoires… comment dire… présentent un peu moins d'intérêt !

Le plus dur, quand je suis là-bas, à l'autre bout du monde, dans notre petit cocon de paradis familial, c'est lorsque arrive le moment de rentrer à Paris. Les au revoir sont toujours déchirants, surtout quand on sait qu'on ne se reverra pas pendant plusieurs longues années… Forcément, tout le monde pleure. On s'embrasse, on se dit à quel point on va se manquer, on se jure qu'on s'appellera souvent. Mes tantes me couvrent de souvenirs, mes cousines se transforment en torrent de larmes. Bref, on ne fait pas les choses à moitié, chez nous !

Pour tout t'avouer, de mon côté, j'ai un problème : je n'arrive pas à pleurer devant les gens. J'ai besoin d'être à l'écart pour ouvrir les vannes. Mais à peine assise dans l'avion, c'est là que je craque ! Mes émotions (positives aussi, rassure-toi !) peuvent être tellement fortes, tellement débordantes, que je fais de mon mieux pour les canaliser quand il y a du monde autour de moi. Sauf pour le chant. Quand je chante, j'exprime absolument toutes les émotions qui ont traversé mon corps, sans retenue. Je ne sais pas si tu le sens en m'écoutant chanter, mais quand un chanteur dit qu'il « donne tout », ce n'est pas qu'une image !

En fait, la joie, la tristesse… toutes ces émotions, je les ressens très fort. Ça peut être provoqué par trois fois rien : un simple sourire, un geste, une parole, une note de musique… Je les absorbe aussitôt. Et je les range dans un coin de ma mémoire et de mon cœur, pour les conserver précieusement tout en continuant à aller de l'avant…

Dans ma vie, tout ce que j'ai fait et obtenu, j'y suis arrivée avec le soutien de ma famille et de mes amis, c'est vrai, mais les démarches, je les ai entreprises seule. Je ne prétends pas que ce soit une qualité ou une bonne habitude ! Mon conseil, ce serait plutôt d'apprendre également à demander de l'aide… Mais voilà, moi, je suis comme ça : aussi loin que je me souvienne, après cette première compétition de chant à laquelle mes parents m'avaient inscrite, que cela ait été pour chercher des castings ou pour contacter des professionnels, j'ai toujours pris l'initiative.

Je dois quand même l'avouer : depuis le début de notre aventure avec Kids United, j'ai un (énorme) coup de pouce : l'amour du public, grâce à qui rien n'est impossible.

Plus jeune, je n'avais jamais pensé pouvoir faire partie d'un groupe. Mais quand j'ai appris que le projet Kids United était lancé par l'UNICEF, j'ai eu comme un déclic. Ce projet était clairement en phase avec ma vision du monde. Pour moi qui avais toujours été sensible à la souffrance des autres, surtout à celle des enfants (et quand on visite régulièrement un pays comme le Sri Lanka, la misère est bien réelle), m'investir dans un projet alliant musique et engagement humanitaire semblait être une mission sur mesure. D'un coup, dans ce chemin que je m'étais si souvent tracé dans ma tête, faire partie de Kids United, et peut-être, en chantant, aider des enfants qui avaient besoin que quelqu'un fasse entendre leurs voix, s'est imposé comme une évidence.

Cependant, ça ne s'est pas fait non plus en un claquement de doigts ! J'ai passé presque tous les castings qui conduisaient à des émissions musicales pour jeunes chanteurs. Avec, à chaque fois, le stress et l'attente du fameux coup de fil qui dit si on est gardé ou non pour le tour suivant… Pendant sept ans, je n'ai pas été prise. Pourtant, je me suis accrochée. Je me répétais : « Je continue, parce que c'est ma passion et mon rêve. » Au bout du compte, j'ai réussi. Et je suis persuadée que si un jour, tu désires quelque chose assez fort, que si tu crois vraiment avoir quelque chose au fond de toi, tu y arriveras également. Mais pour ça, il faut y croire, et ne jamais baisser les bras !

C'est au troisième casting que j'ai rencontré Gabriel, et on a passé les six suivants ensemble. On a rapidement compris que si l'un de nous deux était sélectionné, l'autre le serait aussi. Un sacré parcours du combattant, qu'on a pu affronter à deux l'essentiel du chemin.

N'empêche que, le jour où j'ai appris la bonne nouvelle, je suis tombée des nues. Ça s'est passé dans un café près de la Porte Maillot, à deux pas du studio où on avait passé les castings. Certains membres du groupe avaient déjà été informés qu'ils étaient retenus, mais pour moi, c'était la surprise ! Je me souviens d'un matin de février, tout gris. L'avenue de la Grande Armée était déjà embouteillée, les gens partaient au travail. Pourtant, je ne percevais ni le bruit des klaxons, ni le froid ambiant. J'étais à la fois un peu stressée et surexcitée. Même sans réponse officielle, je me doutais qu'un rendez-vous dans une brasserie était plutôt bon signe.

Il y avait plusieurs clients, au café. Quelques hommes d'affaires, une table de touristes emmitouflés dans de gros anoraks feuilletant des guides de Paris en italien. Je suis entrée dans la brasserie, accompagnée de ma mère, le cœur tambourinant dans ma poitrine. J'ai balayé la salle des yeux… et j'ai aperçu une fille d'environ huit ans, avec de longs cheveux blonds et un grand sourire chaleureux : c'était Gloria. On ne s'était jamais rencontrées, mais je l'ai reconnue tout de suite : la jeune prodige de *The Voice Kids* ! Je me rappelais parfaitement sa performance, en particulier quand elle avait chanté « La Vie en rose ». Le jury l'avait couverte de compliments et moi, droite comme un i sur mon canapé, j'avais eu une telle chair de poule… !

Je me suis approchée de la table et j'ai fait un signe de tête à une jeune ado, assise en bout de table. Je connaissais également son visage, parce que j'étais tombée sur une vidéo d'elle sur YouTube. Erza. Une voix incroyable. Parmi tous les jeunes chanteurs que je vois sur Internet, elle faisait partie de ceux qui m'avaient le plus marquée, épatée. Je n'ai jamais entendu un timbre aussi clair, aussi pur… aussi parfait. Elle peut tout chanter, et sans jamais forcer. Sans vouloir lui mettre la pression, elle est du niveau de Céline Dion au même âge… (Et je suis sûre que ça lui fera plaisir : je lui prédis la même carrière !) Je me suis assise à côté d'elle, et elle m'a souri. Je voyais qu'elle était un peu intimidée, peut-être parce que j'étais la plus grande, alors j'ai engagé la conversation en me présentant. On a eu besoin d'échanger seulement deux ou trois phrases pour que je sente qu'elle et moi, on deviendrait amies. On s'est tout de suite bien entendues, et je l'ai trouvée vraiment mignonne. Elle et Gloria, je les ai aussitôt vues comme des petites sœurs.

Autour de la table, il y avait aussi Esteban, que j'avais croisé une fois lors d'un concours de chant en 2013. Et Gabriel, bien sûr, mon copain de casting, qui s'est tout de suite imposé comme le rigolo de la bande, en faisant des blagues pour détendre l'atmosphère.

On était tous venus avec un de nos parents, ou les deux. J'attendais avec une telle impatience qu'enfin quelqu'un me libère du stress et me confirme que *oui*, j'étais bien prise ! J'ai vécu ce moment comme dans un rêve… Tu sais, quand on traverse quelque chose de si intense qu'après coup, il ne nous en reste que quelques bribes… Je me souviens juste que Fabrice, celui qui allait devenir notre manager, a dit quelque chose comme : « Bravo à tous, et bienvenue dans l'aventure Kids United. » Ma mère et moi, on s'est regardées, et elle m'a prise dans ses bras. Elle était au bord des larmes. C'était tellement beau, tellement merveilleux que je n'arrivais pas à y croire.

Quand j'ai accepté ce qui m'arrivait, il m'a encore fallu un temps pour me recentrer… Je ne m'étais pas attendue à être bousculée à ce point ! Bien sûr, j'ai fini par m'apaiser et me stabiliser… grâce à ma mère. Elle m'a dit que je méritais ce qui m'arrivait et m'a rappelé tous les efforts que j'avais fournis. Cette belle nouvelle n'arrivait pas par hasard ! Ses paroles m'ont reconnectée à la réalité, et je me suis sentie rassurée. Alors, j'ai compris que l'aventure pouvait commencer…

Forcément, mes amies de toujours, Inès et Éléonore, m'ont beaucoup soutenue. Quand je leur ai appris que j'aurais bientôt la chance de réaliser mon rêve, et, en plus, pour une vraie cause, elles étaient tout excitées. Toutes les trois, on s'est rencontrées au CP, et on est restées très copines. On se confie les unes aux autres dès qu'on en ressent le besoin. On rit et on s'amuse beaucoup. Ce sont des filles au grand cœur ! Même si je ne les vois plus aussi souvent qu'avant, à cause de mes activités artistiques, elles comptent énormément pour moi. On est toujours en contact, et j'essaie de partager avec elles un peu de mes journées en leur envoyant des photos rigolotes.

Plus tard, j'avais fait la connaissance de Sarah. Un vrai coup de foudre amical ! Et pour cause : on avait plein de points communs, en particulier la passion de la musique. D'ailleurs, c'est à un concours de chant qu'on s'est rencontrées... Quand j'y pense, toutes mes plus belles rencontres tournent vraiment autour de la musique ! En plus, on se ressemble beaucoup, elle et moi. On est l'une comme l'autre très créatives, avec un fort besoin de liberté. Sarah est sans doute la personne dont je me sens le plus proche, celle à qui je sais que je peux *tout* raconter : mes peines, mes joies, mes histoires de cœur, mes inquiétudes... Elle a beau avoir déménagé en Haute-Savoie, la distance s'efface. On reste tout le temps connectées... et pas seulement par nos téléphones portables : par le cœur aussi, et par la pensée. Quand on était plus jeunes, on imaginait qu'on communiquait par télépathie. Ce n'était pas réel, bien entendu, mais n'empêche : quand on s'aime, on échange davantage que des mots. Un simple songe, dès lors qu'il est sincère, peut être perçu par l'autre. Je ne sais pas si c'est vrai, mais je veux y croire. Ça fait partie de ma philosophie de générosité et de positivité.

Mes amies comptent beaucoup pour moi. C'est un sentiment très fort qui me rattache à elles. Certaines ont déménagé, et comme elles habitent loin, chaque fois qu'on se retrouve, on en profite un maximum parce qu'on sait qu'on ne va plus se voir pendant longtemps.

L'aventure Kids United n'a rien changé à mes relations avec elles. On garde les mêmes activités quand on se voit : resto, cinéma, shopping. Chacune a son style vestimentaire, mais on adore se donner des conseils les unes aux autres. Moi, mon look fétiche, c'est soigné et confortable, à la Shay Mitchell (qui joue Emily, dans *Pretty Little Liars*) ou comme le mannequin Miranda Kerr… La seule différence par rapport à ma vie d'avant, c'est que je ne fréquente plus le lycée.

♫

Depuis 2016, je prends des cours par correspondance. Les études sont très importantes pour moi, et j'adore apprendre des choses. Alors, c'est un système parfait, qui me facilite énormément la vie. Je savais que Gab et Esteban avaient prévu de s'inscrire aussi, alors j'ai pensé : « Pourquoi pas moi ? » Et banco : c'était la formule idéale !

On reçoit une vingtaine de livres en début d'année et, tant qu'on garde une certaine discipline, les cours sont faciles à suivre. Ce ne sont pas nos déplacements qui nous empêchent de travailler. Dans le train, avant les parties de cartes, tandis que Gloria et Erza avancent dans leurs devoirs pour l'école, on fait pareil, à notre manière, avec Gabriel et Esteban. Je travaille à mon rythme et avec le plus de sérieux possible.

Au fil des ans, on m'a souvent demandé, comme à tous les élèves, ce que j'envisageais de faire comme métier… Ce genre de question m'a toujours mise un peu mal à l'aise ! Je trouve ça nul, qu'on nous demande de nous enfermer aussi tôt dans une voie, d'avoir un seul rêve, un seul projet de vie. Comme j'étais bien obligée de répondre, je disais « psychologue » ou « directrice de casting », histoire de…

En vrai, ma voie, mon destin, c'est d'être une artiste. J'adore chanter – tu le sais ! mais il y a tant de choses super intéressantes à faire à côté de ça ! Bon, c'est vrai, la musique a toujours été une priorité pour moi. Très jeune, j'ai appris à jouer de différents instruments. J'ai fait cinq années de solfège, puis j'ai arrêté… besoin de liberté ! J'ai continué en autodidacte, en m'aidant des partitions anglaises beaucoup plus simples. J'ai commencé en jouant du violon, ensuite j'ai appris le piano et la guitare… et même le ukulélé. Tu sais, cet instrument trop mignon qui ressemble à une mini-guitare ? J'adore ce son léger, un peu comme celui du banjo, mais en plus exotique. Sur YouTube, en 2014, il y avait plusieurs artistes qui en jouaient, notamment Alyssa Bernal, une chanteuse américaine que j'adore et qui faisait des reprises au ukulélé. En plus, c'est un instrument facile à transporter… Idéal pour s'accompagner d'un instrument quand on passe des auditions !

Aujourd'hui, au piano, je peux jouer plein de styles de

musique différents. Pour moi, en fait, chacun est intéressant et même fantastique : le jazz, la chanson, le rock, la pop… C'est comme les instruments. Tu dois te dire, ça commence à faire beaucoup – le violon, le piano, la guitare… Mais c'est ça tout l'intérêt ! Si tu écoutes bien, tu verras que chaque instrument a une voix bien à lui. C'est lui qui apporte une émotion plutôt qu'une autre. Du coup, j'ai l'impression que l'instrument parle à ma place. À chaque instant son émotion, donc à chaque instant son instrument… Un peu magique, non ?

Évidemment, je n'aime pas *que* la musique. J'adore toucher à tout ce qui est artistique. J'écris des chansons, je compose des mélodies, mais j'aime aussi peindre et dessiner. Ah ! Et j'écris des histoires depuis que je suis toute petite ! Je suis comme ça, j'aime observer le monde et la nature qui m'entourent. C'est une super source d'inspiration. Surtout, j'ai *besoin* d'exprimer ce que je vois et ce que j'éprouve à travers une forme d'art, quelle qu'elle soit. Ça me libère !

Parfois, je me dis : « Quelle chance ! »… Quelle chance de pouvoir traduire des émotions en prenant des pinceaux ou en s'installant devant un ordi… Un peu comme lorsqu'on chante !

Quand je peins, je pars d'abord d'un sentiment et j'imagine une image autour de celui-ci… pour la restituer sur la toile. Ma peinture peut donc être assez abstraite, mais pas seulement : si je pense à la mélancolie, je peux mêler une représentation explicite comme une femme avec les cheveux dans le vent, dont le regard traduit l'émotion, et un fond moins figuratif. Ou tout à fait autre chose. Voilà ce que j'aime dans l'art : c'est la liberté.

Bon, j'avoue quand même que la musique n'est jamais très loin. Elle m'accompagne quoi que je fasse, et dans toute mes créations, quelque part, il y a un peu de musicalité. Comment l'expliquer ? Je ne sais pas trop… Peut-être que, quand je peins, les couleurs sur le papier résonnent avec les notes que j'entends dans ma tête.

Du coup, j'ai continué à étendre ma culture musicale en écoutant plein d'albums qui me servaient d'inspiration. Il faut dire que j'aime un peu de tout. J'aime autant les chanteurs actuels, comme Alessia Cara (encore une adepte du ukulélé !), Martin Garrix et Tori Kelly, que la chanson française plus ancienne : Joe Dassin ou Jacques Brel – ça, c'étaient de vrais poètes. Brel, en particulier… Il a une aura, une puissance quand il chante… ça m'inspire énormément. « Ne me quitte pas », ou « Quand on n'a que l'amour »… C'est tellement beau ! La mélodie est magnifique, mais ce sont ses paroles qui me touchent et me parlent. En fait, quelque part, Jacques Brel vit véritablement ses chansons. Il les raconte plus qu'il ne les chante. Et moi, j'adore qu'on me raconte des histoires…

Il y a un autre artiste que j'admire plus que tout : Michael Jackson. Un vrai visionnaire. Un génie de la danse, un virtuose du groove. J'aime tout ce qu'il a fait, depuis l'époque des

Jackson Five jusqu'à son dernier album. Avec mes copains de Kids United, on s'amuse parfois à faire des karaokés sur ses chansons… Il faut dire qu'on est tous fans !

Au cœur de Kids United, des liens d'amitié se sont noués très rapidement. Et pas seulement grâce à notre admiration commune pour Michael Jackson ! C'est comme si on avait été prédestinés à se rencontrer et à cheminer ensemble. Plus que des copains, Gloria, Erza, Esteban et Gabriel sont pour moi des frères et des sœurs. On s'adore, on se comprend, on se soutient. Les garçons et moi, on est souvent ensemble parce qu'on est assez proches en âge, on est en quelque sorte le « trio des grands » : on rigole sans arrêt, on se taquine, on fait des blagues à tout le monde. Erza, Gloria et moi, c'est un peu différent, on se chamaille comme entre sœurs, on s'amuse, on parle de nos passions et de choses plus sensibles… En résumé, quand on vit ensemble des expériences aussi incroyables et intenses, on apprend vite à se connaître par cœur les uns les autres. Quelle que soit la situation, je sais à l'avance ce que chacun va dire, je peux deviner leurs réactions. L'explication est simple : il est impossible de ne pas se montrer tel qu'on est vraiment quand on rencontre des chanteurs qu'on admire, quand on monte sur des scènes telles que Bercy, quand on reçoit tant d'amour de la part

de nos fans… Impossible de garder un masque ou de faire semblant. On est nécessairement authentiques, et c'est tant mieux. En tant qu'artiste, nous avons le devoir d'être sincères dans nos émotions, dans nos actes et dans nos paroles. Nous le devons à notre public.

Voilà qui explique aussi qu'on ait besoin, lorsqu'on vit des choses aussi fortes et merveilleuses, de prendre parfois du recul. Plus que parfois, d'ailleurs : tous les soirs, je dirais. C'est indispensable pour garder, justement, notre authenticité et pour éviter de prendre la grosse tête. Si on oublie qu'on est des enfants comme les autres, ni meilleurs ni différents, alors on file un mauvais coton… C'est pourquoi je tiens absolument à me ressourcer auprès de ma famille et de mes amis, de me rappeler qu'il y a une vie à côté de Kids ; une vie quotidienne, loin des projecteurs, des caméras et des micros.

C'est un sacré contraste, d'ailleurs, de monter, à 20 heures, sur la scène d'une salle de concert face à des milliers de spectateurs, entourée d'une énorme équipe… et trois heures plus tard, de se retrouver dans l'intimité de sa chambre, celle qu'on occupe depuis sa naissance, avec toutes ses petites affaires et sa déco perso. Moi, j'ai un grand mur blanc en briques et les trois autres gris ; tous nos disques de diamant, de platine et d'or y sont accrochés, ainsi que l'affiche d'un de nos concerts au Liban. Dans un coin de ma chambre, je garde tous les badges qu'on nous donne pendant les événements auxquels on participe et les lettres de nos fans. L'endroit le plus personnel de la pièce, c'est probablement le bureau où je travaille, où j'écris mes chansons et où je réalise mes montages vidéos… Le soir, quand je me couche, je sens l'odeur des draps frais et de la lessive qu'utilise ma mère depuis des années, j'entends mes parents qui discutent dans la cuisine, et mon frère qui fait des essais de mixage à l'autre bout du couloir… Ce sont ces lieux et ces sensations qui m'aident à prendre ce fameux recul dont j'ai besoin. À la maison, personne ne me voit comme une star ; je suis juste Nilusi. Et, du coup, je n'échappe pas plus qu'avant aux tâches quotidiennes !

Cette prise de recul, elle permet ensuite de revenir vers le public, disponible et régénérée. Elle est la condition de l'échange et du vrai partage. Parce que, l'air de rien, il n'est pas si facile de concevoir, pour de vrai, qu'il existe des gens, des véritables *personnes*, qui nous aiment et qui nous suivent. Entendre nos fans chanter pendant les concerts, nous appeler par nos prénoms, nous attendre pendant des heures, dans le froid parfois, pour nous témoigner leur amour, c'est énorme…

Le moment qui m'émeut le plus, quand les fans chantent avec nous, c'est lorsque je reprends « Éblouie par la nuit » avec Erza. Pour moi, c'est un moment magique. Les spectateurs allument leur flash. On dirait un ciel étoilé…

Je ne te l'ai pas encore dit, mais s'il y a un truc que j'aime par-dessus tout, à part la musique, ce sont les étoiles. Quand

j'étais petite, parfois, j'avais envie de me trouver un endroit rien qu'à moi, un endroit où je pouvais vraiment être moi-même. Alors, j'empilais des chaises, et je grimpais sur le toit pour regarder les étoiles. C'était dangereux… mais tellement fascinant ! J'avais l'impression de voir une immense peinture que le peintre retouchait un peu tous les soirs… à moins qu'il en dessine une nouvelle chaque nuit. Ça me démangeait de sortir une feuille de papier pour les dessiner… Et même avant que les étoiles sortent, toutes ces couleurs dans le ciel… C'est si beau !

Souvent, allongée sur mon toit, je pensais au *Petit Prince* de Saint-Exupéry et je rêvais que je partais avec lui explorer des planètes et apprivoiser des renards… À d'autres moments, ce sont les vers de mon poète préféré, Arthur Rimbaud, qui me revenaient. Je crois que lui aussi aimait beaucoup les étoiles. Dans « Ma Bohème », à seize ans à peine, il a écrit qu'il écoutait leur frou-frou, assis au bord des routes… Tu vois, pour les poètes, il y a une musique dans les étoiles. Et quand j'étais là, sur mon toit, à les regarder, j'avais parfois l'impression de l'entendre un peu, moi aussi…

Au fil du temps, j'ai eu envie de te faire partager un peu de notre quotidien, pour que tu saches qui nous sommes vraiment. C'est pourquoi j'ai commencé à faire des vidéos « *Behind the scenes* », pour dévoiler les coulisses de notre vie quotidienne.

À la base, ma chaîne YouTube n'avait rien à voir avec Kids : je l'ai ouverte en 2009… quand j'avais neuf ans ! À l'époque, je me filmais dans ma chambre, je chantais et je dansais (après avoir poussé les meubles pour dégager l'espace), et j'ai continué pendant plusieurs années à poster des reprises de chansons que j'aimais. Ensuite, il y a eu une période où je n'ai pas beaucoup publié ; je préférais regarder les vidéos d'autres jeunes artistes. C'est avec le début de Kids United que j'ai alimenté de nouveau ma chaîne. Mon idée, c'était montrer les Kids de *mon* point de vue, parce que je me disais qu'à la place du public, j'aurais certainement envie d'en savoir plus sur des chanteurs que j'aime.

Aujourd'hui, je prends un réel plaisir à filmer et à monter ce genre de vidéos, c'est devenu une nouvelle passion. Je peux y passer des heures, penchée sur mon ordi, à choisir une bande-son, à faire des coupes, des ralentis, des *fast motions*… J'adore l'idée de maîtriser tout le processus et de présenter mes créations à nos fans – et j'espère qu'ils apprécient ! Ça leur permet de nous accompagner partout : pendant nos voyages, comme celui aux Antilles, sur nos tournages de clips, dans les coulisses de nos spectacles… Et de cette façon, ils découvrent nos personnalités, à travers nos réactions, nos délires, nos conversations… Et surtout, ils se rendent compte qu'on est comme eux ! Des enfants et des ados normaux, en fait ! Mes followers me laissent des commentaires très positifs, ils me demandent quand sera postée la prochaine vidéo, ils likent et ajoutent des cœurs… Rien n'est plus encourageant !

À la fin de chaque vidéo, je prononce ma phrase fétiche : « Je vous aime, je vous fais de gros bisous et, surtout gardez le sourire. » Ce message, c'est plus qu'une façon de conclure. C'est ma philosophie de vie. Tu l'as compris : je considère que chaque expérience est bonne à prendre, même un échec, et qu'il faut l'accueillir pour mieux rebondir. Comme le dit le proverbe : « Tout ce qui ne tue pas rend plus fort. » Voilà exactement ma conception des choses. Il est toujours possible de surmonter les obstacles et de poursuivre ses rêves. Quand on y croit, on y arrive forcément ! Même s'il faut parfois s'accrocher.

Mais j'ai bien conscience que, dans le monde, on ne naît pas tous avec les mêmes chances… Les injustices sont très nombreuses et, quelles que soient les personnes touchées, je me sens toujours concernée. Je considère que c'est notre devoir d'aider ceux qui sont défavorisés afin qu'*eux aussi* puissent vivre leurs rêves. Voilà pourquoi je suis si heureuse que ma démarche artistique soit parrainée par l'UNICEF. Car avec Kids United, on fait bien plus que chanter. On ne se limite pas à faire des spectacles. On donne aussi de notre temps pour les enfants, partout dans le monde, qui souffrent et qui manquent de tout. Participer aux campagnes humanitaires est aussi important pour moi que chanter. Sensibiliser les gens aux problèmes de santé et d'éducation dans certaines régions de la planète, porter un message de solidarité et d'entraide, ça fait partie de notre mission, et je l'embrasse de tout mon cœur.

Le voyage humanitaire qui m'a le plus marquée, c'était au Sénégal. On a visité un centre de santé parrainé par l'UNICEF où ont été développés des soins spéciaux pour les bébés prématurés, qu'on emmaillote pour qu'ils puissent rester dans les bras de leur maman plutôt qu'en couveuse. Imaginez ces minuscules nourrissons, nés parfois à seulement sept ou huit mois, tout enveloppés dans un lange et dans les bras de leur mère… Difficile de ne pas craquer ! On a aussi assisté à des vaccinations, un geste médical essentiel pour protéger les enfants contre les maladies très graves qui existent en Afrique. Mais je ne voulais pas rester là en simple spectatrice, présente mais passive. J'ai besoin de m'impliquer, pas seulement de regarder sans agir… Alors j'ai pris chacun de ces bébés dans mes bras, je les ai câlinés et je leur ai fait des bisous. Ils étaient si doux, si mignons… J'ai discuté avec leurs mamans, en communiquant comme on le pouvait par des gestes et des sourires.

En fait, on s'est beaucoup amusés ce jour-là, avec les Kids. À un moment, l'une des jeunes mamans s'est levée et m'a montré une danse. Et puis elle m'a fait un signe. Elle voulait que je danse avec elle ! Tu imagines bien que j'ai sauté sur l'occasion ! C'était une danse super jolie. Alors j'ai dansé, et d'autres femmes se sont levées pour danser avec nous. C'était incroyable. Et si tu regardes bien le clip de « Mama Africa », tu verras la danse que j'ai apprise ce jour-là ! C'est génial, non ?

En tout cas, c'est important pour moi d'être dans un échange véritable, quand j'ai la chance de pouvoir vivre ces aventures au côté de l'UNICEF. J'espère avoir transmis à ces familles un peu de joie – mais c'est incomparable à ce qu'elles m'apportent : une vision plus juste des problèmes dans le monde.

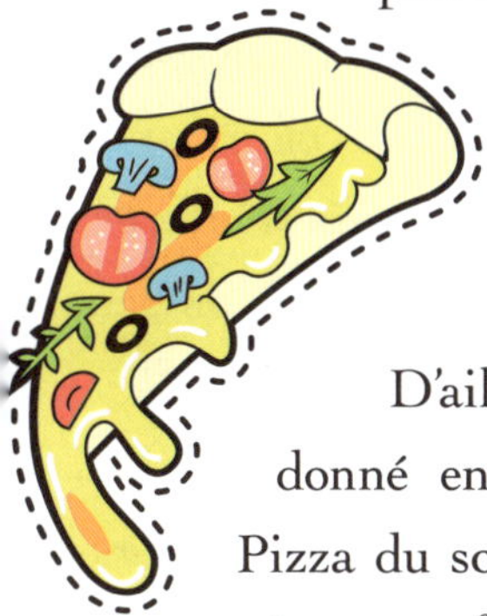

D'ailleurs, cette expérience merveilleuse m'a donné envie de créer mon propre mouvement : la Pizza du sourire. Cette initiative est née sur Internet, grâce aux fans qui trouvaient amusant le petit émoji de pizza que j'utilisais, pour rire, sur YouTube. Ça a pris une telle ampleur que j'ai décidé de donner à ce symbole une signification plus large. Voilà comment une petite plaisanterie est devenue un projet humanitaire ! Le but de ce mouvement, c'est d'abord de répandre des pensées positives : profiter de chaque instant et croire en ses rêves. J'ai

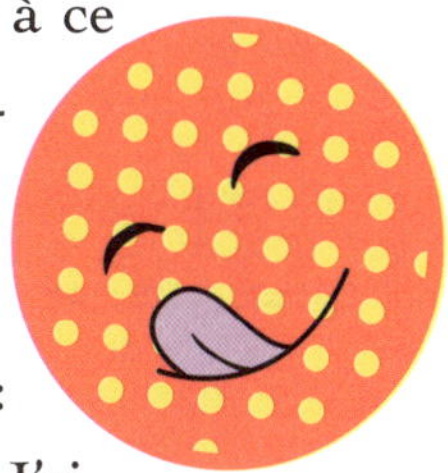

créé des tee-shirts et, grâce au soutien de tous ceux qui me suivent, j'ai récolté assez d'argent pour aider des enfants touchés par la faim en Somalie et au Népal. Qu'une initiative puisse apporter si vite et si facilement autant de bien-être, ça prouve qu'avec un tout petit geste, chacun peut agir, et que *nous sommes la solution* aux problèmes dans le monde.

La communauté qui s'est formée autour de la Pizza du sourire prend corps au fil des concerts ou des tournées : c'est l'occasion de rencontrer les gens en vrai et d'échanger ensemble. Voilà d'ailleurs ce qui explique ma préférence pour les petites salles. Je vous vois, je distingue vos traits, vos regards, vos sourires… C'est comme si on était entre nous ! L'énergie est différente, le partage est très fort et authentique. Et à la sortie, on est moins nombreux, alors on peut discuter de la Pizza du sourire… ou d'autre chose !

Dans les grandes salles, l'émotion est très différente. Pour nous, avant de monter sur scène, il y a du stress, de l'adrénaline, et beaucoup d'excitation. Les coulisses sont pleines à craquer : on y croise des dizaines de techniciens, notre équipe au complet, des costumières et des maquilleuses, les cadreurs, les preneurs de son, tous ces métiers qu'on découvre… C'est vraiment chouette et enrichissant ! Et comme ils sont super sympas, ils répondent à toutes nos questions. Je t'ai dit que j'adore apprendre de nouvelles choses ?

C'est aussi un peu pour partager tous ces moments de complicité entre l'équipe et nous – je passe sur les mauvaises blagues de

Jérémy, notre directeur artistique, qui remplace le sucre par du sel dans les gâteaux… Beurk ! – que je filme tout ça. L'ambiance monte sans arrêt à partir du moment où la salle se remplit. D'abord, c'est une rumeur, des rires, des éclats de voix… puis ça vire au brouhaha, un son continu où on ne distingue plus les gens. Je jette parfois un œil discrètement depuis les coulisses… Et quoi qu'il arrive, même quand je me suis préparée psychologiquement, j'hallucine toujours devant la marée humaine que je découvre. C'est chaque fois une vision incroyable, ces milliers de personnes qui rigolent, qui discutent, qui tapent des mains pour nous communiquer leur impatience de nous voir. Certaines portent des tee-shirts Kids United, d'autres ont fabriqué des banderoles avec nos prénoms.

Évidemment, tant de monde venu juste pour nous voir, ça met une certaine pression. Je m'efforce d'en prendre conscience, sans m'imposer de stress inutile, en me répétant : « Toutes ces personnes sont là pour Kids United, il faut être à la hauteur. Et surveiller chacun de tes gestes parce que tu auras des milliers de paires d'yeux fixées sur toi pendant deux heures ! Mais avant tout : profite de ce que tu es en train de vivre… » Puis je retrouve Erza dans les coulisses, et on saute dans tous les sens pour évacuer le trac. Et tu sais quoi ? Ça marche !

Le plus génial, à mon avis, ça a été au Zénith de Strasbourg. Salle comble, sept mille cinq cents personnes, et une ambiance… ! La foule chantait à tue-tête, tellement fort que j'ai dû enlever mes oreillettes car je n'entendais plus le retour ! Alors, comme mes copains, je me suis laissé porter par la voix du public, et j'ai tendu mon micro pour que tout ce monde chante à pleins poumons. C'était fou !

Une chose est certaine : je ne pourrais plus me passer de toute cette émotion. Mon espoir, c'est de continuer à vous apporter à tous du bonheur. De composer des chansons qui vous touchent, de chanter des paroles qui vous portent, de participer à des projets beaux et utiles… Pour que tous ensemble, on continue de croire en nous, qu'on reste positifs… et qu'on garde le sourire !

Esteban

«C'est grâce aux fans qu'on existe.»

J'entends toujours :
« Esteban, c'est un grand timide. »

C'est vrai, je ne vais pas dire le contraire. Les premiers contacts avec les inconnus, ce n'est pas mon truc. Mais ça, c'est ce que pensent les gens *avant* de me connaître. Car une fois que je fais confiance à quelqu'un, je lui fais regretter ;-) le garçon réservé qu'il a rencontré d'abord. C'est plus fort que moi. Après tout, ne dit-on pas : « Qui aime bien, châtie bien » ?

Ça doit bien faire rigoler mes amis et ma famille, l'image que les gens ont de moi. En particulier mon cousin, Diego, dont je suis super proche. On ne dirait pas comme ça, mais avec lui, je fais les quatre cents coups. C'est lui qui m'a donné envie d'apprendre la guitare, et peut-être que c'est lui aussi qui m'a encouragé à faire ma première farce… (J'étais tellement petit, je ne m'en souviens même pas !) Mais si c'est le cas, l'élève a depuis longtemps dépassé le maître.

Voilà, c'est dit : j'adore balancer des vannes, improviser des sketchs et faire le clown. Je suis toujours partant pour faire des blagues à l'équipe technique de Kids United ou à mes potes. Certains diront que c'est mon côté espagnol, mais j'ai une famille très soudée, et chez nous, on adore faire la fête. Alors, chaque été, on ramène le soleil de Madrid ou de Barcelone pour éclairer la grisaille de la banlieue parisienne. Du coup, en attendant les vacances suivantes, en attendant de pouvoir retrouver les copains que je me suis fait là-bas, il faut bien inventer d'autres occasions de s'amuser. Mon sport favori, quand j'étais plus petit, c'était faire tourner les grands en bourrique. Ma recette ? Une pincée d'imagination.

Quand je suis avec Diego, on ne nous arrête plus. Un de nos jeux préférés, en vacances, c'est d'aller sonner à la porte des voisins… et de s'enfuir en courant. Ouais, comme des gosses de dix ans. La tête que font les gens quand ils ouvrent et ne voient personne ! Diego et moi, on les observe de loin, cachés derrière un abribus ou un buisson, et on se retient d'exploser de rire. Le plus drôle, évidemment, c'est de retourner sonner discrètement cinq minutes plus tard !

Enfin bon, ma première passion, ça reste la musique. J'aime beaucoup le *reggaeton*, comme la chanson « Despacito » de Luis Fonsi, et puis un peu tout ce que font Chino & Nacho. J'aime aussi énormément le *flamenco*. C'est un ensemble : on chante *flamenco*, on danse *flamenco*, bref on vit *flamenco* ! Il faut croire que j'ai ça dans le sang. Forcément, vu que ma famille maternelle est espagnole !

On s'est mis très tôt à la guitare, avec Diego, et depuis, on n'a jamais arrêté. Le soir, on s'entraînait tous les deux et on chantait en même temps. C'est comme ça qu'a démarré notre duo « Esteban y Diego ». On pourrait même dire notre trio, puisque ma sœur Laura nous accompagne souvent… en dansant (et en chantant aussi) ! Eh oui, on est une famille très soudée, on s'adore, et on fait tout ensemble. Musique, spectacles, loisirs… On est très unis ! Alors quand on a une passion comme la musique, c'est sûr qu'on va la partager avec les gens qu'on aime !

S'il y a une variante que je préfère, dans ce genre, c'est clairement la *rumba flamenca*, une sorte de *flamenco* très rythmé que les fans de Kendji Girac comme moi connaissent bien. Je l'ai rencontré une fois, chez Cauet. Au début, j'étais un peu embarrassé. Cauet m'a fait venir à côté de lui devant les micros alors que j'étais dans l'ombre, assis au milieu du public. Finalement ça a été une super expérience : j'ai pu chanter une chanson de Kendji que j'adore, « Me quemo », et il m'a accompagné en frappant la cadence de ses mains.

Ce qui est cool, dans la *rumba flamenca*, c'est qu'on peut bien s'amuser avec. Je crois que je peux reproduire n'importe quelle chanson à la sauce *rumba flamenca*, et c'est ce qu'on aime faire avec Diego sur notre chaîne YouTube.

Il suffit par exemple qu'un fan nous demande une dédicace pour son anniversaire pour qu'on se mette à délirer sur « Joyeux anniversaire ».

N'empêche que la guitare, c'est une passion, et qu'on s'applique comme des vrais « *gitanos* » : on travaille les accords, les cadences, les frappes de la main sur le bois… En fait, quand j'ai une guitare dans les mains, je suis complètement dans mon élément. Ça me détend, et puis j'adore ce son. Qu'importe que je sois dans ma chambre ou sur scène, avec une guitare entre les mains, je me sens vraiment bien…

♫

On pourrait croire que je place la guitare au-dessus de tous les instruments, mais pas du tout. Ça ne m'empêche pas d'aimer d'autres genres de musiques et d'être quelqu'un de curieux. Or c'est vraiment motivant, d'expérimenter et de tester de nouvelles choses. Les autres instruments offrent tellement de possibilités que j'ai décidé, pour commencer, de me mettre au piano. Depuis quelque temps, j'ai même un synthétiseur chez moi. Ce qui est génial, car avec le synthé, on peut tout faire : imiter les violons, les percussions, les basses… C'est là que ça devient super intéressant : ce sont elles qui donnent de la couleur à la musique ! Peut-être qu'un jour, j'apprendrai aussi la batterie. Pour moi, c'est la base d'une chanson. C'est elle qui assure et soutient le rythme. En plus, ça doit drôlement défouler ! En tout cas, entre le synthé et la guitare, j'ai tous les outils pour m'amuser à reprendre des instrus ou composer des morceaux. Il ne reste plus qu'à mixer tout ça avec un logiciel spécial, poser ma voix par-dessus, et le tour est joué !

Une autre de mes passions, c'est le sport, en particulier le foot. Je suis fan du Barça, l'équipe de Barcelone ; elle est bien meilleure que le Real Madrid que soutient mon père – et j'aime bien l'embêter avec ça. J'adore aussi le tennis. J'y joue dès que c'est possible. Avec les copains, avec la famille. Même si je me suis beaucoup recentré sur la musique et que je ne descends plus aussi souvent qu'avant sur les courts, du temps où je voulais être comme Rafael Nadal, le meilleur tennisman de tous les temps (il est espagnol, forcément !), j'ai même fait quelques compétitions et remporté un tournoi. J'avoue, ça me manque parfois un peu. Il n'y a rien de tel pour se dépenser et se défouler avec des amis. Heureusement, le foot, on peut y jouer n'importe où, même en pleine tournée avec les Kids !

Une fois, on était à Bayonne pour un concert. J'ai organisé un match de foot avec les Kids, mais aussi avec les techniciens, notre manager et les musiciens. Ça me démangeait depuis un moment, et là, je me suis dit, « c'est le moment ». Je vous jure, je leur ai cassé les pieds jusqu'à ce qu'ils acceptent, mais ça valait vraiment le coup. Ça a encore renforcé les liens avec toute l'équipe, en plus de nous détendre. Parce que pour moi être dans un groupe de chanteurs et monter sur scène, c'est comme jouer au foot : il faut se serrer les coudes et se soutenir pour donner le meilleur de nous-mêmes.

Diego et moi, on a fait notre première scène, en 2009, pour une association luttant pour l'égalité de tous sur la planète : Solidarité sans frontières. Après cette prestation, on a ouvert notre chaîne YouTube, et au fil du temps, on y a posté plus de cinquante vidéos !

En fait, j'avais sept ans lors de mon tout premier concert. C'était la fête de fin d'année de l'association « el Hogar de los Españoles » où j'apprenais la guitare. Je jouais au foot avec mes copains pendant que le spectacle se déroulait quand Manu, mon prof de guitare, est venu me chercher. Il voulait faire une surprise à tout le monde, car au cours de l'année, il nous faisait chanter et il trouvait que je me débrouillais vraiment bien. À cette époque, même dans ma famille, personne ne m'avait entendu. Je ne m'en souviens plus très bien mais, d'après mon père et ma grande sœur Laura, j'ai juste demandé : « devant tout le monde ? » et, sous les yeux de trois cents personnes, j'ai chanté une chanson espagnole appelée « La Puerta de Toledo »... avant de retourner jouer au foot avec mes amis comme si de rien n'était !

Même si je ne pensais pas pouvoir chanter dans des grandes salles un jour, le goût du spectacle, je l'ai toujours eu. J'ai toujours adoré me déguiser. Ma grand-mère chérie, « *abuela* » comme je l'appelle en espagnol, en couturière hors pair, me fabriquait tous les déguisements que je lui demandais. Mon meilleur souvenir, c'est quand elle m'a fabriqué un costume de Spider-Man... Il était magnifique : le masque, les gants, le sigle parfaitement imité, et même la fausse tablette de chocolat ! Combien de fois j'ai porté cette tenue... et combien de fois j'ai supplié ma mère de me laisser la mettre à l'école.

(Forcément, elle disait non... Les mères, ça n'y connaît rien, à

tout ça !) Toujours est-il que, derrière mon masque, je me sentais invincible…

En fait, je me rends compte que j'aime vraiment ça, la scène. Que ce soit pour chanter… ou pour d'autres activités. Le théâtre ou le cinéma, par exemple. C'est assez marrant de se glisser dans la peau de quelqu'un d'autre et d'imaginer ce qu'il dit, ce qu'il fait, ses grimaces, ses mimiques, bref, de faire en sorte qu'il paraisse réel pour des spectateurs. Bizarrement, quand je fais du théâtre, ou même quand je tourne des clips, ma timidité disparaît comme par magie. Exactement pareil que lorsque je suis dans un Zénith avec les Kids. Dans le fond, je trouve presque plus facile de jouer un personnage : un rôle, ça permet de se cacher, d'adopter une personnalité différente… pour mieux se lâcher !

Si je n'aimais pas autant la musique, je me serais sans doute plus intéressé au cinéma : je suis fasciné par les univers incroyables qu'on peut trouver dans certains films. J'espère pouvoir aussi, un jour, découvrir ce monde que je ne connais pas encore – enfin, un peu tout de même depuis qu'on a participé au doublage de *La bataille géante de boules de neige*. Une expérience géniale, parce que très différente de tout ce qu'on avait pu faire avec les

Kids depuis le début de notre aventure… Même les tournages de clips, où on reste nous-mêmes !

Pour la première fois, il a fallu que je joue un rôle. Eh, oui, même quand on ne fait que la voix d'un personnage, on doit se glisser dans sa peau, comprendre sa personnalité et se l'approprier si on veut sonner juste. Moi, je doublais Tiguy, un garçon pacifique et du genre timide… Je me souviendrai toujours de ce que j'ai ressenti quand, à l'avant-première, je l'ai découvert à l'écran parlant avec ma voix. J'étais scotché ! Il m'a fallu un certain temps avant de m'y faire.

Pourtant, quand je dois être « moi », et pas caché derrière un personnage, ce n'est pas vraiment naturel de me mettre en avant. Dès que je suis dans un groupe ou face à un inconnu, j'ai tendance à rester en retrait. Je préfère être un témoin, un observateur. Je crois que je tiens ça de ma mère, qui est très discrète mais toujours présente à mes côtés pour me soutenir et m'encourager. Honnêtement, même quand je passais des castings pour la télé, je n'avais aucune idée que je ferais un jour partie d'un groupe comme Kids United.

Les producteurs m'avaient repéré dans plusieurs émissions de télévision, en particulier *The Voice Kids*, en 2014. Ils m'ont proposé de participer à un collectif d'enfants chanteurs et… j'hésitais. Sans Diego et sans ma guitare, je ne me voyais pas participer à un tel projet. Et puis, c'était tellement énorme, est-ce que j'allais être à la hauteur ? On était en Espagne, à ce moment-là.

Au fond, j'étais réellement intéressé. J'y pensais tout le temps. J'en ai longuement parlé avec ma famille. C'était une opportunité incroyable, qui ne se présenterait sans doute qu'une fois dans ma vie, et que je devais absolument saisir ! C'est finalement Diego qui m'a convaincu.

Quand j'ai appris que Kids United était formé pour soutenir l'UNICEF, une chance unique pour aider des milliers d'enfants, j'ai été totalement convaincu ! Je connaissais cette organisation humanitaire, bien sûr. Je me retrouvais complètement dans ses valeurs. J'avais vu plusieurs campagnes d'affichage et des spots à la télévision. J'étais très sensible au combat pour faire respecter les droits des enfants partout dans le monde. Qui ne le serait pas ? D'ailleurs, avec Diego, nous sommes les parrains de l'association Carla, dont le but est de soutenir une petite fille atteinte d'une maladie génétique grave qui l'empêche de marcher. La souffrance des autres, surtout des plus petits et des plus faibles, ça me touche énormément. Alors imaginer que je pourrais peut-être, à mon niveau, soutenir l'action de l'UNICEF et changer les choses, c'était vraiment motivant. En plus, ça m'a permis de rencontrer Erza, Gabriel, Gloria et Nilusi ! Je ne l'ai pas regretté une seule fois. Après tout, aujourd'hui, j'ai comme une deuxième famille, et puis on a voyagé aux quatre coins du monde pour porter notre message de solidarité. Une mission essentielle… mais pas toujours facile à gérer au niveau de mes émotions.

Eh oui, la visite qui m'a le plus marqué, c'était au Maroc. On y était venus tourner le clip de « Tout le bonheur du monde », et nous avions visité un orphelinat. Ce qui devait être un moment de rencontre et de partage a très mal commencé pour moi : j'avais à peine mis les pieds à l'orphelinat que l'émotion m'a gagné.

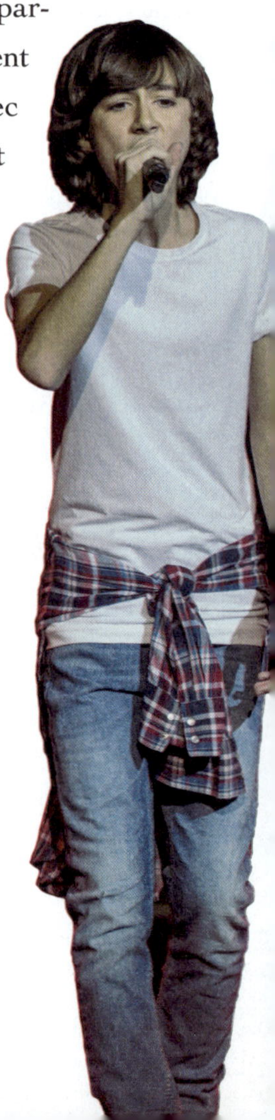

Il y avait au moins deux cents enfants, parfois bien plus jeunes que nous, qui cherchaient le contact, qui voulaient danser et chanter avec nous. Je trouvais ça merveilleux qu'ils soient si pleins de vie et d'entrain, et en même temps… je ressentais un tel chagrin pour eux ! Si petits et sans parents… Ça m'a bouleversé. Je me suis d'abord mis à l'écart pour tenter de prendre sur moi, histoire de me laisser le temps d'encaisser…

Alors j'ai craqué. Ma tante Nathalie et Fabrice, mon manager, m'ont réconforté. Après, ça allait mieux. J'ai même pu parler et plaisanter avec les petits Marocains. Une magnifique rencontre ! Même s'il avait d'abord fallu que j'exprime, à ma façon, sans mots mais avec mes émotions, ce qu'elle me procurait : de la peine, de la compassion, un sentiment de terrible injustice pour ces

d'imaginer un autre stratagème pour la piéger. Maintenant, on planque carrément son appareil photo, et on fait semblant d'avoir oublié où on l'a mis. Ça la rend folle ! Enfin, intérieurement, parce que, en réalité, Nilusi est, de loin, la personne la plus calme et la plus sereine que je connaisse.

♫

À force de participer à des spectacles et des émissions avec Gab, Nilu, Gloria et Erza, j'ai beaucoup gagné en assurance. Je me lâche beaucoup plus sur scène. Dès que j'ai une guitare à la main, je me sens différent. Beaucoup moins angoissé et bien plus ouvert. Je suis presque une autre personne.

C'est tellement plus facile de m'exprimer avec la musique, de dire ce que je ressens, de livrer ce que j'ai dans le cœur… Après tout, ce n'est pas pour rien que la musique est un langage universel. D'ailleurs, je ressens assez rarement le trac, contrairement à la plupart des artistes – ne seraient-ce que Nilusi et Erza qui ont carrément un rituel pour contrer le stress avant un spectacle : elles sautent dans tous les sens, elles se rassurent en répétant que tout va bien se passer et qu'il faut profiter de l'instant présent. Bizarrement, je n'ai besoin d'aucun « truc » avant d'entrer en scène. Je suis juste content de faire ce que j'aime le plus : chanter, et jouer de la musique pour voir des gens sourire.

Au début de Kids United, étant assez mauvais danseur, je bougeais peu pendant les concerts. Peut-être que je me cachais derrière ma guitare. En fait, j'aime bien ça, d'être là, de jouer, de chanter pour les gens. Je n'ai pas besoin de me mettre en avant pour vivre ces expériences au maximum. Mais c'est vrai que c'est chouette aussi de se lâcher un peu plus, de bouger, de venir sur le devant de la scène et de m'affirmer. De voir tous ces bras qui se tendent vers nous en concert, de voir les gens chanter avec nous…

C'est un truc qui ne finit pas de m'étonner… Les effets de la célébrité. Quand on est ne serait-ce qu'un tout petit peu connu, tout ce qu'on fait, tout ce qu'on vit devient sujet à commentaires. Les gens s'en emparent. Le jour où je me suis fait couper les cheveux, je n'avais pas pensé que ça attirerait autant l'attention… Et pourtant ! Il y a eu des articles dans les magazines, dans les pages people des sites web, sur les réseaux sociaux. Dans *Télé Loisirs*, ils titraient : « CHOC ! ESTEBAN DE KIDS UNITED A COUPÉ SES CHEVEUX ! »… Une telle frénésie, ça me laisse songeur. Mes copains et moi, on ne se voit pas comme des stars. C'est impossible d'avoir pleinement conscience de ce qu'on vit et de concevoir que tant de personnes nous aiment, même si on reçoit beaucoup de témoignages d'amour. Gab me chambre parce que je reçois presque exclusivement des messages de filles… qui disent qu'elles veulent m'épouser ou qu'elles sont amoureuses de moi !

Les élans d'affection de nos fans me touchent, bien sûr, mais il faut absolument avoir du recul. Quand on passe à la télévision, tout le monde nous regarde différemment… Ce qui ne veut pas dire qu'on ait changé. Moi, par exemple, je reste celui que j'ai toujours été, un ado qui aime le sport, les séries télé (surtout *Prison Break*) et le cinéma. J'adore les films de superhéros… Surtout s'ils sont un peu magiques ! Oui, j'ai toujours été super fan de Spider-Man (d'où mon costume préféré quand j'étais petit), mais j'ai grandi avec les films de *Harry Potter*.

Je les ai vus si souvent que je connais les répliques par cœur ! Quand j'étais plus petit, je consultais les blogs de fans, je lisais et relisais les livres, j'avais des tee-shirt aux couleurs de la série. J'ai même tanné ma mère pour qu'elle m'emmène au parc d'attractions Harry Potter le temps d'un week-end ! Sauf que j'étais passé à côté d'un petit détail : *The Wizarding World of Harry Potter* se trouve… en Floride ! Finalement, j'ai quand même réussi : nous sommes allés quatre jours à Londres pour visiter les studios de la Warner Bros., où ont été réalisés les films, et aussi à King's Cross sur le fameux quai 9¾…

L'aventure Kids United, c'est un peu comme prendre le Poudlard Express finalement : la destination est ma-gi-que, et à bord du train, on a toutes les chances de rencontrer ses meilleurs amis !

Toutes les facettes de ma personnalité et de mon identité, j'ai la chance de pouvoir les vivre sans complexe, grâce à Kids United… et surtout grâce au public. Sans nos fans qui nous aiment et nous suivent, nous ne serions rien. Nous n'existerions pas. Je veux les remercier de nous accepter tels que nous sommes, chacun avec notre caractère et notre tempérament, et de nous soutenir. Je n'ai qu'un seul souhait : continuer à leur donner du bonheur, et plus encore !

GOOD
YES

Gloria

« Garde toujours le sourire,
crois en tes rêves et ne lâche rien ! »

Bonjour, c'est moi, Gloria !

Oh, là là ! je suis trop contente d'écrire un livre avec mes copains de Kids United ! J'ai toujours aimé la lecture, et j'ai même une grosse bibliothèque dans ma chambre… C'est comme dans la vie, il y a de tout. Des histoires tristes, des histoires rigolotes. Il y a des histoires vraies. En tout cas, les livres, ça nous fait rêver et voyager ! Alors pouvoir en écrire un avec les copains, c'est vraiment une super aventure.

En même temps, je ne suis pas difficile : j'aime tout. Jouer de la musique, chanter, écrire… Je suis née dans une famille de musiciens. Et pas seulement dans le sens où mes parents aimaient écouter de la musique… Non, mieux encore : ma maman dirige une école de chant !

C'est un beau bâtiment en pierre rose, dans le centre de Metz. On y entre par une grande porte en bois toute sculptée, avec de magnifiques détails en fer forgé. Moi, j'y suis tellement souvent que je n'y fais plus trop attention, mais les élèves disent que c'est magique, comme une école dans un conte de fées…

Ça fait plus de douze ans que ma maman a ouvert l'école. Avant, elle était coach vocal et auteure-compositeur. Pendant un moment, elle a fait des tournées avec un orchestre régional mais, un jour, elle a eu envie d'autre chose. Bouger sans arrêt, c'est fatigant à force… Surtout, elle avait acquis beaucoup d'expérience et rêvait de transmettre son savoir. C'était aussi l'occasion de revenir à sa vraie passion : le chant, qu'elle aime plus encore que l'écriture et la composition.

Donc, moi, déjà quand j'étais dans son ventre, j'étais bercée par la musique. Alors que je n'étais encore qu'un bébé, ma maman m'emmenait chaque jour à l'école. Pas étonnant que j'aie été très tôt sensible aux notes, aux rythmes, aux tonalités… À l'école de chant, dès qu'on passe la porte, on n'entend que ça : des instruments, des mélodies au piano et, bien sûr, toutes sortes de voix.

Je n'avais même pas deux ans quand je me suis découvert, moi aussi, une passion pour le chant. Enfin, je ne me le suis pas dit comme ça… J'étais trop petite. N'empêche que je fredonnais tout le temps, pour imiter les élèves de l'école. Je les adorais, surtout qu'ils jouaient souvent avec moi. Ils me trouvaient toute mignonne, avec mes grands yeux bleus et mes petites couettes blondes !

Ma maman a trouvé que j'avais une jolie voix et, de toute évidence, un goût pour le chant. Mais à ce stade, elle ne s'imaginait pas que la musique deviendrait si importante dans ma vie… Jusqu'au jour où elle m'a entendue chantonner « Un jour mon prince viendra », la chanson de Blanche-Neige. J'avais cinq ans, à l'époque, et j'étais tellement occupée à jouer avec mes poupées que je n'ai pas remarqué qu'elle était là.

Ma mère s'est approchée, m'a écoutée, et visiblement, je chantais très juste. Alors elle m'a demandé si ça m'amuserait de participer à la fête de la musique avec d'autres élèves de l'école. Évidemment, j'étais d'accord : quand on est petit, on n'est pas du tout timide, et quand on voit un micro, on fonce, comme si c'était un simple jouet ! Voilà comment, quelques jours plus tard, le 21 juin, j'ai fait ma première scène !

J'ai continué à aller presque tous les jours à l'école de ma mère. C'était comme une deuxième maison. Ce que j'aimais le

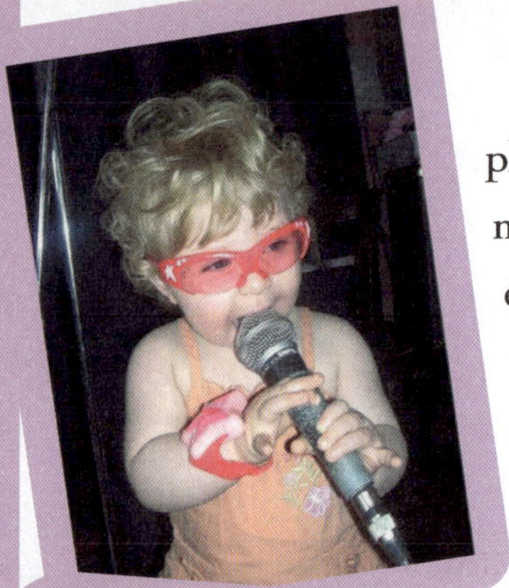

plus, c'était me cacher derrière la porte où maman donnait son cours et écouter les élèves qui s'entraînaient. Je les admirais tellement ! Ils étaient très concentrés, casque sur les oreilles, postés devant un micro professionnel. Certains arrivaient du travail, d'autres de chez eux, d'autres revenaient du supermarché et déposaient leurs sacs de provisions dans l'entrée. On voyait qu'ils étaient heureux et impatients de chanter. Chaque leçon se déroulait de la même façon : d'abord, il y avait l'échauffement de la voix, puis l'apprentissage ou l'approfondissement de nouvelles techniques, et enfin l'interprétation des morceaux choisis (rock, pop, chanson française, jazz, gospel… ici, on peut choisir tout ce qui nous plaît !). Et ma maman, en face de ses élèves, faisait de grands gestes pour montrer quand il fallait monter dans les aigus, quand reprendre sa respiration ou quand tenir une note – un peu comme un chef d'orchestre.

C'est comme ça que j'ai acquis la plupart de mes connaissances en chant. Simplement par observation. Évidemment, ma mère m'a aussi enseigné quelques techniques, mais elle n'aime pas trop jouer les « pros » avec moi. Je serai toujours sa petite fille, et elle sera toujours ma maman – pas ma prof ni mon coach. Et moi, ça me convient très bien comme ça !

D'ailleurs, il n'y a pas qu'avec ma mère que j'ai appris la musique !

Mes deux frères, Yoann et Alexi sont aussi musiciens. Ils jouent de la guitare et de la contrebasse, et ils ont même un groupe : les « Dabeul Swing » ! Ça sonne bien, non ? Comme ils sont fans de jazz manouche, ils m'ont fait découvrir plein de musiciens extraordinaires comme Django Reinhardt. Partager ma passion avec mes frères, c'est important pour moi, et j'adore quand ils m'accompagnent sur scène, même si, pour l'instant, ils se produisent surtout avec ma mère ! Eh oui, la musique, à la maison, c'est vraiment une histoire de famille ! Sans elle, je ne serai pas là où je suis aujourd'hui.

À l'âge de six ans, j'ai participé à ma première émission de télévision : *The Voice Kids*. La production avait appelé l'école de chant pour savoir si ma mère avait des élèves qui pourraient participer à l'émission. Comme elle n'enseignait alors qu'à des adultes, elle a dit que non… Mais elle a pensé à moi. Elle m'a demandé : « Gloria, est-ce que ça te plairait de chanter à la télé ? »

En fait, c'est comme ça que tout a commencé. Moi, je ne connaissais pas cette émission – à l'époque, la version « *Kids* » n'existait pas encore. Pour moi, ce n'était pas important. Alors maman m'a montré des extraits de *The Voice* sur Internet, et ça avait l'air amusant. Du coup, j'avais très envie d'y aller. Ma mère a rappelé le producteur… et j'ai été prise !

Le jour des auditions à l'aveugle, je suis allée aux studios de La Plaine-St-Denis avec ma mère et mon beau-père, Vincent, qui est comme un deuxième papa pour moi. C'est vraiment chouette d'avoir deux papas, parce que je suis deux fois plus gâtée. Avec Vincent, on s'occupe des animaux, et il m'aide à faire mes devoirs. Avec mon père, je fais aussi plein de trucs. On va faire du sport pour se défouler. On prend les vélos, par exemple, et puis on part se balader pendant des heures ! On va à la piscine, à la patinoire. C'est mon papa qui m'a acheté mes premiers patins à glace. Des beaux patins tout blancs, comme dans les films ! En tout cas, j'adore passer du temps avec mon père, parce que ça m'aide à déconnecter et à me recentrer… et c'est super important !

Bref, ce jour-là, le jour de l'émission, toute ma famille était très contente que j'y participe… Je crois que la moins stressée, au final, c'était moi !

Pour la première fois, j'ai été coiffée et maquillée dans une vraie loge d'artiste. On m'a fait des couettes, et la maquilleuse m'a mis une pointe de fard à paupières et de gloss. J'étais super fière et l'effet était

très réussi ! J'ai attendu quelques minutes dans la loge, puis une dame de l'équipe, habillée d'un tee-shirt noir et équipée d'une oreillette, a passé la tête par la porte et m'a dit d'un ton très gentil : « Bichette, c'est ton tour. »

Le moment le plus impressionnant, dans ce genre d'émission, c'est au tout début, avant même que la chanson commence.

Je ne savais pas que ça allait être aussi incroyable, ni qu'il y aurait autant de gens ! La salle, qui est très très grande, s'éteint complètement, et la foule se tait. Tous les projecteurs se braquent sur le candidat, qui du coup ne voit plus que le dossier rouge des fauteuils du jury. Bon, là, c'est vrai, j'ai ressenti un tout petit peu de stress… Ma main droite, qui tenait le micro, tremblait un peu. Alors j'ai respiré lentement, « par le ventre » comme dit ma maman, et j'ai pensé à ma famille qui me regardait depuis les coulisses. Ça m'a rassurée… Puis, quand les premières notes de « La vie en rose » ont résonné, j'ai pris une grande inspiration… et je me suis mise à chanter. Et toute ma peur s'est envolée ! Je ne songeais plus qu'à la chanson et aux répétitions que j'avais faites avec maman – elle avait dessiné les paroles sur des feuilles de papier pour m'aider à les mémoriser. Et, dans ma tête, je voyais ses dessins se succéder.

Au bout de vingt secondes, Jenifer s'est retournée. J'ai senti mon cœur battre plus vite tellement j'étais contente, mais – comme on l'avait répété à la maison – je suis restée concentrée. Quand on est très joyeux, parfois, ça se sent, et ça rend la chanson encore plus belle, mais il faut faire attention – parce que si on se laisse perturber, on oublie tout ! Du coup, comme je voulais aller jusqu'au bout, j'ai continué à chanter. Deux couplets plus tard, Louis Bertignac et Garou se sont retournés à leur tour. J'étais aux anges !

Après, tout est allé très vite. Les trois membres du jury sont venus me rejoindre sur scène. Ils étaient trop gentils : ils me disaient que j'étais super mignonne, que j'avais une très belle voix et un bel avenir devant moi. Louis Bertignac a fait le clown pour m'amuser, en mettant son pull sur sa tête et en parlant comme s'il avait un dentier (son fameux personnage de « Mamie Berti » !). Tout ça devant une foule de spectateurs qui criaient et riaient aux éclats !

Moi aussi, j'ai bien rigolé. Pourtant, je n'ai pas hésité une seule seconde pour choisir l'équipe que j'allais rejoindre : celle de Jenifer. J'ai toujours aimé cette artiste, et pas seulement pour ses chansons mais aussi pour sa douceur… et sa beauté ! En plus, c'est quand même elle qui s'était retournée en premier. Pour finir, cerise sur le gâteau : Garou m'a prise dans ses bras et m'a portée jusqu'aux coulisses pour retrouver ma famille. Ma maman était en larmes… Des larmes d'émotion et de fierté, bien sûr !

Deux jours plus tard, alors que je n'avais rien dit à personne, tous les élèves de ma classe sont venus me parler de l'émission ! C'était un peu intimidant, mais en même temps, j'étais super contente. Et je trouvais ça trop mignon ! Ils avaient aimé m'écouter chanter, et rien ne peut me faire plus plaisir. Surtout quand ce sont des copains !

Ils étaient aussi très curieux : ils me demandaient comment étaient les membres du jury *en vrai*, si j'avais parlé aux autres candidats, ce que ça faisait de se retrouver devant un public, ce que j'avais fait pendant les pubs… Certains m'ont même demandé de re-chanter « La vie en rose » pour eux ! Mais le plus étonnant, c'est que des enfants *d'autres classes* sont arrivés pour me demander des autographes. Des filles et des garçons que je ne connaissais même pas ! Ça, je ne m'y attendais pas. J'ai dû improviser une petite séance de dédicace, en signant mon prénom sur des cahiers et des agendas… Jusqu'à ce que la maîtresse intervienne. En moins de cinq minutes, tout était revenu à la normale. Sauf à l'intérieur de moi, où ça bouillonnait d'excitation…

♫

Toute l'école a suivi le reste de la saison de *The Voice Kids*. Dans les couloirs et dans la cour de récré, on m'encourageait. Grâce au soutien de mes camarades, je suis allée aussi loin que j'ai pu, ce qui n'était pas facile, parce que j'étais la plus jeune. J'ai franchi les étapes jusqu'aux *battles*… où j'ai été battue par une certaine Carla !

En même temps, je ne regrette pas. J'ai adoré quand elle a chanté « L'homme à la moto ». Elle avait bien mérité sa victoire ! D'ailleurs, c'est elle qui a gagné la finale cette saison-là !

À l'époque, je ne savais pas que je la retrouverais quelques mois plus tard au début de Kids United… J'étais fière d'avoir tenu jusque-là, et pas du tout déçue d'avoir été battue. J'avais vécu une expérience magnifique. Je ne me doutais pas que ce n'était que le premier chapitre d'une grande aventure…

C'est ma maman qui a repéré le casting pour Kids United. Un jour, après l'école, elle m'a demandé si j'aimerais faire partie d'un groupe d'enfants chanteurs. Au départ, je ne savais pas quoi répondre. Et puis je me suis dit que ce serait peut-être un peu comme *The Voice*, alors j'ai accepté… sans imaginer une seule minute que je pourrais être sélectionnée pour de vrai.

Pourtant, deux mois plus tard, ma mère a reçu un appel de la production annonçant que j'étais prise ! Comme je n'avais encore jamais chanté en groupe, je ne voyais pas trop ce à quoi ce projet allait vraiment ressembler. Et puis c'était un peu impressionnant ! En plus, je ne connaissais pas la plupart des autres artistes qui avaient été sélectionnés… J'espérais qu'on s'entendrait bien et qu'on deviendrait vite amis… Mais comment en être sûre ?

Mon inquiétude n'a pas duré. J'allais m'embarquer dans une belle aventure et exercer ma passion avec des gens qui, comme moi, adoraient la musique. Et rien que de penser cela, ça m'apportait du bonheur.

Surtout que ma maman m'a expliqué que Kids United était formé pour soutenir l'UNICEF, une organisation qui défend les droits des enfants partout dans le monde. C'est grâce à l'UNICEF que des écoles sont ouvertes dans les régions où les enfants n'ont pas accès à l'éducation, ainsi que des hôpitaux et des centres de santé. Sans l'UNICEF, il y aurait tellement d'enfants sur Terre qui ne pourraient pas être vaccinés et qui mourraient de maladies… Le comble de l'injustice, alors que nous, on peut vivre et grandir en pleine santé, et on a la chance de pouvoir aller à l'école, juste parce qu'on est nés dans un pays comme la France.

Et moi, je me suis toujours dit que, si je n'étais pas allée à l'école, ç'aurait vraiment été un gros manque dans ma vie. Rien n'est plus important que d'apprendre des choses. Ça aide à se construire un avenir. Dans le monde, il y a des milliers et des milliers d'enfants malheureux… Pourtant, ils ont les mêmes droits que nous ! Alors, penser qu'en faisant connaître l'UNICEF, on participe à une chaîne de solidarité, qu'on aide à construire des hôpitaux et des écoles dans les pays pauvres, et qu'à travers Kids United, on fait quelque chose pour aider les gens, pour les faire sourire, ça me rend vraiment heureuse !

En m'expliquant tout ça, ma mère m'a fait comprendre à quel point Kids United allait être un projet original et merveilleux, parce que chanter, c'est bien… mais si en plus on peut aider les personnes qui souffrent, c'est encore mieux !

En tout cas, j'étais (presque) prête à vivre cette aventure incroyable. Mais plus la date de la rencontre avec les autres membres du groupe s'approchait, plus j'ai senti la timidité qui montait. Je me demandais comment allaient être les autres artistes, s'ils allaient avoir à peu près le même âge que moi, s'il y aurait plus de filles ou plus de garçons… J'ai été complètement rassurée le jour où je les ai vus pour la première fois. Ils avaient tous l'air trop sympas. Et, comme j'étais la plus jeune, ils m'ont immédiatement considérée comme une petite sœur. Une situation que je connais bien, puisque mes frères ont 22 et 26 ans : je sais ce que c'est, d'être la benjamine !

Celle avec qui la relation de grande sœur-petite sœur est la plus forte, évidemment, c'est Nilusi. Je l'adore. Je la trouve belle, douée, intelligente, et elle est si douce ! En plus, elle a un sourire magnifique ! Elle est toujours de bonne humeur, même quand Esteban et Gabriel cachent sa caméra pour lui faire une blague…

Dès ma première discussion avec elle, j'ai su qu'on allait s'adorer. J'aimerais lui ressembler quand je serai plus grande et, comme elle, faire plein de choses différentes : écrire, composer, faire des vidéos, m'habiller avec style… Nilusi, c'est mon modèle !

Gabriel et Esteban, eux, je les vois comme des frangins : tout le temps à se bagarrer (pour rire, bien sûr) et à faire des bêtises. Ils me rappellent mes frères il y a quelques années ! En bref, les trois « grands », je les aime très très fort… mais je ressens parfois la différence d'âge. C'est normal ! Ce sont déjà des ados… Ils n'ont pas toujours les mêmes conversations ni les mêmes centres d'intérêt que moi. Un peu comme avec mes grands frères, d'ailleurs. Ce qui ne nous empêche pas de passer plein de bons moments ensemble !

Du coup, de tous les Kids, celle dont je suis la plus proche, c'est Erza. Après tout, on a seulement deux ans d'écart. Toutes les deux, on fait plein de choses avec les trois grands (par exemple des jeux de société). Parfois, c'est même moi qui apporte les cartes pour qu'on fasse des parties tous ensemble. On parle aussi de plein de trucs avec Nilusi dans le trio des filles, mais quand on est rien qu'Erza et moi, on joue à *My Little Pony* ou à l'hôtesse de l'air, on se raconte tout plein d'histoires. Des jeux d'enfant, quoi !

L'avantage, quand on est dans un groupe avec des plus grands, c'est qu'on est tout le temps chouchouté, câliné et protégé… Et justement, il arrive souvent que les Kids viennent à mon secours ! Surtout sur scène. Ça m'est déjà arrivé d'oublier les paroles des chansons. Ou même de ne plus savoir quand je dois chanter. C'est comme ça, je suis un peu tête en l'air… voire un peu « fofolle » comme le dit souvent Esteban ! Au concert d'Amnéville, par exemple, je me suis trompée sur « Qui a le

droit » de Patrick Bruel… Je devais chanter le couplet qui commence par « *À toi aussi, j'suis sûr qu'on t'en a dit…* » En fait, j'étais tellement à fond dans la chanson, à écouter Erza et Nilu et les garçons qui interprétaient leurs couplets l'un après l'autre, que… j'ai totalement oublié que j'étais censée chanter aussi. Oups ! Mais les copains sont toujours trop adorables, et ils ont volé à ma rescousse. Ils ont chanté les paroles à ma place. Et je suis sûre que personne n'a rien vu !

♫

Entre les spectacles, les clips et les tournées, je continue à aller à l'école, bien sûr. L'école, j'adore ça ! J'aime être avec d'autres enfants, rigoler avec eux, retrouver mes copines à la récréation… et même aller à la cantine !

Au départ, je voulais que mes activités artistiques restent secrètes, pour ne pas faire d'histoires ou créer de jalousies. Parce que, malheureusement, ça arrive, quand on passe à la télé…

Il y a des personnes qui trouvent qu'on se prend pour des stars, même si nous on ne pense pas ça du tout. Certaines filles me l'ont dit, à moi, mais en fait elles se trompent complètement. C'est vrai, quand on se voit sur l'écran, avec Erza, on trouve ça rigolo, mais la façon dont je perçois ma vie avec les Kids, c'est une vie de fille normale qui a juste la chance de vivre sa passion à fond.

Heureusement, il n'y a pas que des jaloux. La plupart des enfants sont super sympas, et les maîtresses sont gentilles (même si elles sont un peu sévères aussi parfois !). Et puis, on voit tellement de choses avec Kids United que ça permet d'avoir des idées.

Par exemple, une fois, il fallait faire un exposé en classe. J'ai choisi de le faire sur l'UNICEF. C'était super. Déjà parce que je commençais à bien savoir de quoi je parlais, même si la majorité de mes camarades en avait entendu parler sans vraiment savoir ce que c'était. Mais du coup, ça a rendu les choses assez passionnantes, et j'ai vu que les autres élèves étaient tous super intéressés par l'UNICEF et son action. La maîtresse aussi m'a posé des questions pour que j'en dise encore plus. Je pense qu'après l'exposé, tout le monde était plus conscient des problèmes dans le monde et avait envie de faire quelque chose pour aider les enfants. Moi, j'étais super contente. Mission accomplie ! Après tout, les autres Kids et moi, on est des messagers officiels de cette organisation, c'est donc aussi mon travail de porter son message de solidarité !

♫

Si j'ai un seul regret par rapport à ma vie aujourd'hui, c'est que ma meilleure amie, Camille, n'est pas dans la même école que moi. Heureusement, ça ne nous a jamais empêchées d'être proches et de nous voir souvent. Camille, je l'ai rencontrée quand j'avais quatre ans, vu qu'elle habitait à côté de chez mes grands-parents. On se voyait tout le temps, parce que je passe tous les mercredis et parfois les week-ends chez ma mamie et mon papi qui adorent s'occuper de moi. Il suffisait de se faire signe par-dessus la clôture du jardin, et on s'invitait à jouer ! Pratique !

Avec Camille, on fait plein de choses : on joue, on chante, on s'invente des rôles dans des pièces de théâtre, on s'imagine dans des univers parallèles. J'adore m'amuser avec elle !

Ce qui nous rapproche, c'est qu'on a les mêmes envies de jeux et les mêmes goûts. Comme moi, mon amie aime danser, faire du dessin, lire ou monter à cheval… enfin, à poney ! Pour le moment, l'équitation, c'est juste pour le plaisir de faire des promenades, de soigner les poneys et de les nourrir. Mais un jour, peut-être, j'espère bien passer mon premier galop. Et tous les suivants !

♫

Il faut dire que les animaux, c'est mon autre grande passion, en plus de la musique. D'ailleurs, si je n'avais pas décidé de devenir chanteuse, j'aurais choisi vétérinaire ! Pour plaisanter, mes copains de Kids disent parfois que je vis dans un zoo. Ils n'ont pas tort ! Chez moi, on a quatre poissons, un teckel nain à poils longs qui s'appelle Crumble et un autre chien que j'ai baptisé Vaillant, un chat (Iggy), un lapin (Neige), et… deux axolotls – ce sont des salamandres d'eau assez rares. Ils ont une tête rigolote et des branchies

qui leur font comme des plumeaux de chaque côté, et puis une petite bouche avec les coins qui remontent vers le haut, comme s'ils souriaient… En fait, je suis tellement passionnée que le magazine *30 millions d'amis* m'a surnommée « Miss Animaux », et ils m'ont fait poser avec Neige pour la couverture !

D'ailleurs, ça a bien arrangé mes copains de Kids que j'aime autant les animaux, quand on a participé à *Fort Boyard*… Avant même d'arriver au fort, ils disaient tous qu'ils espéraient ne pas être choisis pour les épreuves où il y a les insectes et les serpents. On peut même dire qu'ils étaient super stressés ! Moi, à l'inverse, l'idée de mettre ma main dans des jarres pleines de bestioles, ça ne me dérangeait pas tant que ça. Bon, il y avait des trucs un peu dégoûtants, mais les petites souris, c'est trop mignon ! Une chose est sûre : les autres étaient *très* soulagés de ne pas être appelés pour l'épreuve des jarres !

Erza aussi, elle adore les animaux. Enfin, elle, son truc, c'est surtout les chiens. Elle connaît presque toutes les races ! Moi, peu importe l'animal, je les aime tous… ça fait partie de ma personnalité. Ma mamie dit qu'à travers cette passion, c'est ma générosité qui s'exprime, et ma capacité à m'intéresser aux autres. Elle dit aussi que j'ai un grand cœur. J'espère que c'est vrai !

♫

Dans le fond, je n'ai rien de différent des autres filles de mon âge… J'ai juste la chance de vivre mon rêve. Ça, c'est merveilleux… et ce n'est pas fini.

En plus de l'aventure Kids United qui n'est pas près de s'arrêter, je me lance, en parallèle, dans un nouveau projet formidable : jouer le rôle d'Émilie dans la comédie musicale *Émilie Jolie* ! Moi qui ai passé des heures à écouter les chansons de cet album quand j'étais petite, je suis toute bouleversée d'avoir été choisie. Mais c'est bien la preuve qu'il faut croire en soi et ne rien lâcher. Avec un peu de travail et beaucoup de passion, tout le monde peut y arriver… il suffit d'avoir confiance. Comme il est dit à la fin d'*Émilie Jolie,* « faites que le rêve dévore votre vie » !

unicef

pour chaque enfant